中华先烈人物故事汇

军事科学院解放军党史军史研究中心

学习出版社

中华先烈人物故事汇《毛岸英》编委会

主　任：陈传刚

副主任：陈秋波　　曲宝林　　周　鑫

编　委：郭　芳　　褚　杨　　王　冬

　　　　王　雷　　陈永红　　刘向东

主　编：张从田

编　著：陈秋波

目 录
C o n t e n t s

后　记 / 209

引　子

　　毛岸英是中华人民共和国开国领袖毛泽东的长子，也是毛泽东为中国革命失去的第6位亲人。

　　毛岸英1922年10月24日出生在湖南长沙，7岁前，跟随父母亲革命活动的足迹东奔西走、颠沛流离。8岁时跟着母亲杨开慧一起坐牢，目睹母亲遭受敌人酷刑的折磨和被绑赴刑场的惨景。母亲英勇就义后，为了躲避敌人的追杀，被地下党组织秘密送往上海。他带着两个年幼的弟弟，仅过了8个月的安定生活，便开始流浪。小弟不幸夭折，他和大弟毛岸青在上海滩流浪达5年之久，饱尝人间疾苦。后被地下党组织找到送往苏联读书。他在苏联如饥似渴地学习，积极参加各种活动，历练品格，努力进步，21岁加入苏联共产党，22岁加入苏联红军参加苏联卫国战争，任坦克连指导员，与红军战士一起攻克柏林，受到斯大林的接见。24岁回国到达延安，与分别18年的父亲毛泽东重逢，同年转入中国共产党。随后下乡劳动学种地，参加土改搞试点，新中国成立后到工厂当工人。1950年6月25日，朝鲜内战爆发。美国政府作出了武装干涉朝鲜内战的决定，并不顾中国政府的一再警告，悍然越过三八线，把战火烧到我国的鸭绿江边。正在北京机械总厂担任党总支部书记的毛岸英主动要求参加中国人民志愿军赴朝作战。毛泽东以"你是我的儿子，这个头是要带的"的宽广胸襟和领袖风范，积极支持毛岸英奔赴抗美援朝、保家卫国的前线。1950年11月25日，就在毛岸英入朝后的第36天，美军4架飞机投掷凝固汽油弹轰炸志愿军总部，毛岸英因回作战室取资料，不幸遇难。

毛岸英牺牲后，有人提议将他的遗体运回国内安葬，毛泽东说："青山处处埋忠骨，何须马革裹尸还。岸英是我的儿子，也是朝鲜人民的儿子，就让他和千千万万的志愿军烈士一起，留在朝鲜吧！"至今，毛岸英的遗骨仍然安葬在朝鲜人民民主共和国桧仓郡中国人民志愿军烈士陵园。

毛岸英作为一代伟人毛泽东的儿子，注定了他要比别人经历更多的磨难，经受更多的人生历练，培养出超出常人的品行特征。他身份特殊，却又是极其的普通和平凡。即使是在那艰难的岁月里，他始终表现得纯朴善良、热诚阳光、机智果敢。他勤奋好学，追求进步，脚踏实地，热爱祖国，热爱人民，自觉与工农群众打成一片。他积极投身苏联卫国战争和抗美援朝战争，直至献出宝贵的生命。他是集爱国主义、国际主义、革命英雄主义于一身的时代典范。毛岸英历经磨难、多姿多彩的短暂人生，贯穿中国共产党从诞生到夺取全国政权的整个历史阶段。他的传奇故事，也是开国领袖毛泽东一家为建立新中国不懈奋斗的生动写照，让我们看到了由毛泽东亲手缔造的中国共产党的立党之本，看到了中国共产党人为了民族的独立、人民的解放甘愿奉献一切的博大胸怀。由此更加激励我们热爱中国共产党，忠贞不渝跟党走，积极投身新时代中国特色社会主义建设的伟大实践，为实现中华民族伟大复兴贡献自己的一份光和热。

01 四处漂泊的童年

1. 大罢工浪潮中降生

1920 年冬，从北京经上海回到湖南长沙不久的毛泽东，就要和他的恩师杨昌济之女杨开慧结婚了。杨开慧，字云锦，乳名霞。他们从相识到相知和相爱已经 8 年多了，爱情已是瓜熟蒂落。杨开慧的母亲向振熙正忙着为他们筹备婚事，相好的朋友知道后，都主张要热闹一番，这是人生大事，更何况他们是一对革命夫妻。

杨开慧说："我们要带头破除旧礼俗，不坐花轿，不备嫁妆。"

毛泽东赞成道："我们不做俗人之举呀。我们是无产者，新青年。眼下正在筹钱办文化书社和自修大学，不能把钱用在私事上了。等到结婚那天，我就以步当轿，去接新娘子哟！"

当时，经毛泽东之手筹办的勤工俭学经费就有1.9万块银元，杨开慧的母亲还为女儿结婚准备了100块银元，这些他们都没舍得动用。结婚那天，杨开慧夹着一个书包，毛泽东提着一床被褥，一路说说笑笑走向毛泽东准备的新房，路人看着都很羡慕。他们的新房就是毛泽东任教学校教师宿舍，陈设十分简陋，一张他平时用的旧床，床上挂着一顶白色的布蚊帐，一张长条桌子和几把椅子。

当天晚上，毛泽东在弟弟毛泽民家里办了一桌简单的新婚宴席，招待了在长沙的几位亲朋好友。

婚后不久，他们就搬到了长沙小吴门外清水塘22号居住。这里既是毛泽东和杨开慧的家，也是刚建立不久的中共湘区委员会所在地。杨开慧担任机要和交通联络工作，协助毛泽东开展工人运动、农民运动和学生运动。在那艰苦的岁月里，两人并肩战斗，生活非常美满充实。

1921年7月，中华民族发展史上具有伟大意义的中国共产党第一次全国代表大会在上海召开，毛泽东作为 13 名代表之一出席了大会。他回到湖南后，立即投身到宣传发动群众，领导开展革命斗争，发展党员，着手筹建党的地方组织等一系列工作中。这时，杨开慧也光荣地加入了中国共产党。

第二年年初，杨开慧有了身孕，毛泽东十分欣喜，他们为下一代憧憬美好的未来，坚信孩子定能看到革命的成功。到了 10 月中旬，杨开慧怀孕已到足月，却迟迟不分娩。此时，毛泽东正忙于领导长沙泥木工人举行声势浩大的罢工运动。

有一天，毛泽东见杨开慧难过的样子，就建议说："霞，不妨出去到岳麓山转一转，或许可以生得快一些。"第二天，杨开慧按照毛泽东的这个建议，出去走了一趟，果然第三天，即 1922 年 10 月 24 日，阵痛来临，杨开慧又兴奋又痛苦地来到长沙湘雅医院，在那里生下了头胎男孩。正巧，这天是坚持了 20 多天的泥木工人大罢工取得胜利的日子，工人们游行庆祝，鸣放鞭炮，整个长沙城都沸腾起来了。毛泽东闻讯赶到医院，抱起这个又白又胖的儿子，激动地说："霞，这场罢工我们终于胜利了，我们的儿子也出生了，这真是双喜临门呀！孩子的名字就叫岸英吧！"

此时，毛泽东已担任湖南全省工团联合会总干事，全身心投入领导工人罢工和农民运动中。他领导粤汉铁路工人罢工斗争取得胜利后，又转身投入长沙铅印工人罢工的斗争，同时还领导长沙的理发、缝纫、织造、笔业、人力车等工人的罢工斗争。毛泽东出色的领导才能和非凡的号召力引起了国民党反动派的警觉。

1923 年 4 月，国民党湖南省省长、军阀赵恒惕下令缉拿毛泽东。毛泽东得知这一消息，连忙收拾好文件，从屋后逾墙而出，穿过菜园小路避开了官府的追兵。赵恒惕未能抓到毛泽东，随即又下令以"过激派"的罪名通缉他。中共中央考虑到毛泽东的安全，决定调他到中央工作，并参加在广州召开的中国共产党第三次全国代表大会。

6 月召开的中共三大，研究了同国民党建立革命统一战线的问题，决定共产党员以个人名义加入国民党，但仍保持共产党的独立性。会后，毛泽东被派回湖南贯彻党的三大决议，指导湘区委筹备国民党湖南组织。

毛泽东回到湖南后，看到将近 1 岁的岸英聪明伶俐，甚是喜欢，紧张的工作之余，开心地逗一逗孩子玩耍，是难得的惬意。此时，毛泽东对农民运动产生了极大的兴趣，认为农民是中国革命的根本，并做了大量的调研工作。杨开慧常常是一边带着岸英，一边帮助毛泽东抄写和整理对农村的调研材料。

1923 年 11 月 13 日，杨开慧又生下了第二个儿子毛岸青，这给全家带来了无尽的欢乐。可是，一家人相团聚的日子实在是太少、太珍贵了。毛泽东回到湖南刚住了 3 个月，就接到中共中央的通知，要他赶赴上海筹备并出席在广州召开的国民党第一次全国代表大会。他是多么舍不得离开任劳任怨而又全力支持他工作的爱妻，又是多么地想和刚刚会叫"爸爸"的岸英，还有在摇篮里的岸青一起享受这天伦之乐呀！无奈革命重任在肩，他有更重要的事要做。

离别前夜，毛泽东和杨开慧有说不完的话，他们谈论国家的前途和命运，谈孩子的教育。

毛泽东考虑到岳母年岁已高，不能太劳累，要开慧雇位保姆帮助带孩子，他还建议开慧继续深入农民中去，了解他们的疾苦，和农民交朋友。开慧不住地点头。毛泽东坐在爱妻的身边，望着熟睡中的岸英和岸青，关切地说："霞，等有机会时，就把你们接到我身边，不仅是孩子小需要父亲，而且我也非常需要你这个得力的助手呀。"

天快亮了，窗外，一钩下弦月挂在天边，遍地寒霜，映着淡淡的月光，更显得凄凉。杨开慧和母亲早已为毛泽东准备好了行李，她转身对母亲说："妈妈，我送润之去。"毛泽东看了看熟睡的孩子，轻声叫道："岸英、岸青，我的儿子，再见！"然后，给向妈妈深深地鞠了一躬，就随杨开慧出了房门。

大门外，两辆人力车早已等候在那里。他们上了车，一前一后地走着，不一会就到了码头。小火轮码头人来人往，组织上早已安排好了同志在这里接应。火轮拉响了汽笛，毛泽东紧紧地握着杨开慧的手，他们深情地对视着。杨开慧依依不舍地说："润，多保重！"毛泽东说："霞，昨晚你睡着时我写了一首新词，放在那只铜墨盒下了，是送给你的。"

杨开慧送走了毛泽东，急急忙忙地回到清水塘小屋里，找到那首词。她屏住呼吸，先把它贴在心口，停了一会儿，就一遍一遍地读起来：

挥手从兹去，更那堪凄然相向，苦情重诉。眼角眉梢都似恨，热泪欲零还住。知误会前番书语。过眼滔滔云共雾，算人间知己吾与汝。人有病，天知否？

今朝霜重东门路，照横塘半天残月，凄清如许。汽笛一声肠已断，从此天涯孤旅。凭割断愁丝恨缕。要似昆仑崩绝壁，又恰像台风扫寰宇。重比翼，和云翥。

2. 韶山冲听家史

1924年1月，毛泽东赴广州参加了国民党第一次全国代表大会，并当选为国民党中央候补委员。不久，毛泽东被派到国民党上海执行部工作。这年6月，他写信让杨开慧和母亲一起带着岸英、岸青到上海团聚。

岸英随杨开慧来到上海非常开心，整天缠着爸爸问这问那，还要爸爸教他写字。杨开慧怕影响毛泽东的工作，常把儿子从毛泽东身边抱开。

这样团聚的日子没过多久，半年后，毛泽东因工作繁重，劳累过度，已积劳成疾，在杨开慧和同志们的多次相劝下，才向党中央请了假，于12月，带着全家一起回韶山老家养病。一家人从上海动身，辗转回到韶山时已是1925年的农历正月十四了。

杨开慧与毛泽东结婚以来，这还是第一次回韶山婆婆家，毛岸英、毛岸青也是头一次回老家。

这时，毛泽东的弟弟毛泽民和弟媳早就把家里收拾得干干净净，等候大哥大嫂和侄子回家。毛泽民夫妇还按照大哥的吩咐准备好了上祖坟用的祭品。

一天，毛泽东带着全家来到毛家祖茔地，他

把岸英、岸青领到父母坟前说:"您老人家常说'不孝有三,无后为大',今天我把您的两个孙子带来了,一个叫岸英、一个叫岸青。"

全家人席地而坐。毛泽东饱含深情地说:"岸英、岸青你们听着,我是来到家乡唱山歌,来到祖坟说祖宗,讲祖宗是为了不忘根。我们韶山冲位于湘潭、宁乡、湘乡三县的交界处,这里群山环抱,是个很美的地方呀。咱们毛氏原籍在江西,明朝开国时期,始祖毛太华随军远征云南澜沧,后来在当地娶妻生子。明朝洪武十三年,毛太华移居来到湖南湘乡县,10年后,他的两个儿子,也就是你们的先祖又迁到这个韶山冲。岸英、岸青,你们的祖爷爷叫毛贻昌,17岁开始务农、当家理事。祖母姓文,她在姐妹中排行第七,所以,人们称她文七妹。她家在湘乡县唐家坨,与韶山冲只有一山之隔。她待人接物,纯朴善良,极富同情心,一生默默地操持家务,抚养儿辈。"毛泽东讲着讲着提高了声音:"岸英、岸青,你们祖母最关心的是做人要正,做事要公,勤劳为本,读书为根。她老人家要是健在的话,一见到你们就要问:'我的孙子岸英、岸青，你们爱读书吗？'"

岸英听得正出神，立马回答道："我爱读书。"

这时，毛泽东兴趣大增，又说道："岸英，你给祖父、祖母背诵几句《三字经》吧。"

岸英挺起胸脯背诵道："人之初，性本善。性相近，习相远。苟不教，性乃迁。教之道，贵以专。昔孟母，择邻处，子不学，断机杼……"他不仅背诵得流利，还按照自己的理解，解释了一遍。接着他问道："爸爸，听妈妈讲过孟母择邻的故事，说是他们先与一家哭丧的为邻居，孟子就学着哭丧；后来搬家又与一家杀猪的为邻居，孟子又跟人家学杀猪；最后，孟母搬到与一家读书人家为邻居，从此孟子就发奋读书，后来成为大思想家。爸爸，咱们家也是到处搬家，我将来要成个啥大家呢？"

大家听了岸英的问话，都感到不好回答。毛泽东沉思了一会儿后高兴地说道："岸英，咱们到处搬家是为了革命，我们是吃百家饭的呀，将来要成为革命家。"岸英似懂非懂地连连点头。

回到韶山冲后，岸英看爸爸妈妈每天总有做

不完的事，他也帮着带弟弟岸青玩，有时妈妈给农民讲课，他就坐在一边看书识字。岸英非常爱看书，见到爸爸有一点闲工夫，就向他问些大人的事情。

有一天，岸英见到毛泽东问道："爸爸，你爱读书吗？怎么个读法？"

毛泽东说："我幼小时念村里私塾学识字，还参加家务劳动。从打识字起就喜欢读书，七八岁时读完了《百家姓》《三字经》《增广贤文》《幼学琼林》这些启蒙书，后来就接着读《四书》《五经》，慢慢地就接受了传统的儒家思想，幼年时我是很相信孔孟之道的，以后就喜欢读被私塾先生称为'闲书'和'杂书'的书，比如《水浒传》《西游记》《三国演义》《精忠说岳传》《隋唐演义》这些旧小说。在学校里，老师不让读，我就用课本遮挡住偷着读；在家里时，晚上读书读得很晚，你奶奶怕费灯油，还怕累坏了眼睛，总来催我早睡，我就用葫芦瓢遮上灯光继续看书。第二天，奶奶看着我的脸问道：'石伢子，你夜里又看书了？'我笑着说：'窗户不是没有透亮吗？我没有看书哇。'奶奶慈祥地看着我那张被油烟子熏黑的脸说：'看你那张脸黑得成了张飞。'我调皮地说：'妈妈哟，念书不把脸念黑，就记不住书中的事情呀'。"毛泽东的话，说得开慧和岸英都开怀大笑起来。

岸英拍着手说："爸爸，你真有本事，天天都读好多书写好多字。"

毛泽东说："脑袋是个大海，那大海里的水呀，就是一天天从许多条江河里流来的。人的知识也是从许多书本里、工作的经验里积攒起来的。等你们长大之后，就知道不读书的人，就做不好工作，干不出革命的大事业来。"毛泽东的读书精神，深深地刻在了岸英幼小的心灵里。

毛泽东在家乡养病的这些日子里，深入农村调查研究，广泛发动农民群众起来闹革命。农民群众的热情发动起来了，涌现出了大批的农民运动骨干。毛泽东和杨开慧抓住时机，在农民骨干中发展了一批党员，并在韶山建立了中国共产党的第一个农村秘密支部。

他在回乡半年多的时间里，先后组织起了20多个农会，发动农民开展"平粜"，要求地主平价出售粮食，阻止粮食流出本地，使韶山以至湘潭县都发生了很大的变化。这些又引起了反动派的恐慌和不安。湖南省省长赵恒惕再次给湘潭县团防局下达密电令："要急速逮捕毛泽东，就地正法。"这封密电被在县长办公室工作的开明人士郭麓宾看到了，他急忙写了封信，派人送到韶山通知毛泽东。在群众的掩护下，毛泽东连夜离开韶山来到长沙。

来抓毛泽东的人第二天才到韶山，他们扑了个空，回长沙交差说："毛泽东行走一阵风，来无影去无踪。"此后，毛泽东就在长沙赵恒惕的眼皮底下，参加共产党的各种秘密会议，向中共湘区委员会作有关韶山农民运动情况的汇报，还与志同道合的同学聚会，一起游览橘子洲头。毛泽东远眺浪花飞溅的滔滔江水，百感交集，写下了脍炙人口的名篇《沁园春·长沙》：

独立寒秋，湘江北去，橘子洲头。看万山红遍，层林尽染；漫江碧透，百舸争流。鹰击长空，鱼翔浅底，万类霜天竞自由。怅寥廓，问苍茫大地，谁主沉浮？携来百侣曾游，忆往昔峥嵘岁月稠。恰同学少年，风华正茂；书生意气，挥斥方遒。指点江山，激扬文字，粪土当年万户侯。曾记否，到中流击水，浪遏飞舟？

3.吃百家饭　行万里路

1925 年 9 月上旬，毛泽东离开长沙到达广州，并随即投入国民党第二次全国代表大会的筹备工作中。

这年冬天，杨开慧和母亲一起带着岸英、岸青来到广州。她们一路车船，风餐露宿，到达广州时已累得精疲力竭了。岸英见到毛泽东就说："爸爸，我又渴又饿呀。"毛泽东把岸英和岸青拉到身边说："爸爸这就请你们吃馆子去，你们和妈妈在路上遭罪了吧？"他边说边伸手到衣袋里去掏钱，翻遍所有的口袋也没找到一文钱。站在旁边的杨开慧看到毛泽东窘迫的样子，扑哧一笑，于是对孩子们说道："岸英、岸青，妈妈的背篓里还有给你们留的馒头呢。"

杨开慧看到毛泽东又瘦多了，心疼地说："你准是一天吃不到两顿饭了，看你这个穷当官的。"毛泽东苦笑着说："是不富呀，两个月没发一文钱了。"

杨开慧住下后，她把孩子交给妈妈带，自己便立即着手帮助毛泽东整理她从韶山带来的调研材料。毛泽东边看材料边激动地说："霞，你真是我的得力助手啊！我的这篇文章就叫《中国社会各阶级的分析》，你是第一个读者。"

毛泽东的《中国社会各阶级的分析》一文，相继在《革命》《中国农民》和《中国青年》刊物上发表，影响深远。

1926年7月9日，北伐战争开始后，国民革命军一路势如破竹，连克湖南长沙、湖北武汉等地，以湖南为中心的农民运动迅速发展起来。11月上旬，中共中央决定成立中央农民运动委员会，毛泽东为书记。办事处设在武汉，以便指导湘、鄂、豫、赣、川的农运工作。经毛泽东提议，准备在武汉开办农民运动讲习所。

毛泽东又要离开广州了，杨开慧决定和母亲带着岸英、岸青先回长沙。没过多久，毛泽东也回到了长沙，一家人住进了麓园的一所房子里。为了证实蓬勃兴起的农民运动是"好得很"，而不是"糟得很"，毛泽东利用这一次回长沙的机会，在湖南的 5 个县做调查，收集了大量的材料，并决定把对湖南农民运动考察的情况写成报告报告给党中央。调查报告还没来得及写成，毛泽东就又匆匆地来到武汉，他要赶到那里筹备并主持中央农民运动讲习所，尽快地培训农民运动的骨干和领导者。

毛泽东这一走，杨开慧也得跟着走。1927 年 2 月下旬，杨开慧带着岸英、岸青和保姆陈玉英（后称孙嫂）来到武昌，住在武昌都府堤 41 号。

毛岸英见到毛泽东就问："爸爸，我们又搬家了，这回我该上学念书了吧？"毛泽东微笑着说："咱们吃百家饭，家也要搬。关于念书嘛，还是要念的。妈妈就是你的先生，课本还是由妈妈编吧。"

这是一次难得的短暂团聚，不仅全家人又相聚了，一些志同道合的同志毛泽民、毛泽覃、彭湃、蔡和森、夏明翰等也经常来这里开会、吃饭，有时十几个人围在一张圆桌边，一边吃饭一边讨论。毛泽东挥动着大手，大声说道："我看'农民运动好得很'，所谓'糟得很'明明是反革命的理论。"不久，他的那篇经典著作《湖南农民运动考察报告》也完成了。

毛岸英随母亲来到武汉才1个多月，杨开慧又生下了第三个儿子毛岸龙。此时，形势发生了急转直下的变化。先是蒋介石背叛了革命，在上海发动了四一二反革命政变，大肆屠杀共产党人和革命群众。7月15日，汪精卫等又在武汉召开由他控制的国民党中央会议，作出关于"分共"的决定。随后，又疯狂屠杀共产党员和革命群众。宁汉合流，第一次国共合作终于全面破裂，持续3年多的轰轰烈烈的大革命失败了。

杨开慧和家人在武汉又住不下去了。为了不引起反动派的注意，这次他们一家人迁居时只好分别离开武汉，然后回到杨开慧的娘家板仓团聚。毛泽东在武汉参加完中共中央8月7日召开的紧急会议后（史称"八七会议"），作为党中央的特派员回到湖南改组湖南省委，筹备和领导秋收起义。当他回到长沙时，这里的形势已变得十分严峻，城里笼罩着白色恐怖的气氛。

9月初的一天深夜，毛泽东在地下交通员的陪同下，急匆匆地回了一趟板仓。他们二人经过打扮，走小路、穿密林，踏着星光，在犬吠声中走进了板仓冲。他们约好第二天启程的时间和暗号后便分手了。毛泽东从长满茶仔树的山坡小路直插到板仓杨宅。

此时，杨开慧还没有睡觉，当听到熟悉的敲门声时，连忙起身去开门，一见便惊喜地问道："润之，这么晚了，你怎么回来了呀！"她赶紧把毛泽东迎进屋，接着把妈妈和保姆孙嫂唤起来，忙着为毛泽东沏茶、热饭。

喝了一杯茶后，毛泽东把这次去安源、平江、浏阳、醴陵等地领导秋收起义的事告诉了杨开慧。她一边静静地听着，一边为党中央作出的武装反抗反动派进攻的决定而欢欣鼓舞。

她轻轻地摇着蒲扇，为汗流浃背的毛泽东扇风解热，试探地问道："住几天呀？"毛泽东怕杨开慧难过，没有告诉她天亮前就要离开板仓的事儿，而是把话题引到孩子们身上。他从她的手中接过扇子在岸英、岸青和岸龙身上扇着，一不小心惊醒了岸龙，他"哇"的一声哭了起来，吵醒了睡得正香的岸英、岸青，他俩一看是爸爸在为他们扇扇子，一骨碌爬起来，高兴地叫道："爸爸！爸爸！你回来啦！"毛泽东一手搂着一个，一边亲着，一边嬉笑着，爱抚着。

岸英机灵地从爸爸手中抢过大蒲扇，两只手抓着，对着爸爸使劲地扇，嘴里还数着："一、二、三……"

"岸英离开爸爸这些天，没有吵事吧？学了几个字呀？"

岸青抢着念起来："大羊跑，小羊跑，大羊跑上桥，黑狗跑来咬，大羊用角抵，黑狗跌下桥……"念着念着自己也哈哈地笑了起来。

岸英看见弟弟出色的表现，也不甘示弱，"我会唱歌"，随即唱了起来："打倒土豪，打倒土豪，除军阀，除军阀……"屋子里充满着欢乐的气氛。

孙嫂给毛泽东端来一碗米粉，一碟子红辣椒，随即拉着岸英和岸青向杨母房里走去，边走边说：

"好孩子，快睡去吧，鸡都叫三遍啦！"

岸英极不情愿地走着，恋恋不舍扭回头恳求地说道："爸爸，不要再走了，明天教我写毛笔字啊！"

爸爸点头微笑着，朝岸英努努嘴。岸英把两只小拇指放在嘴里，两个食指扒着眼皮装着老虎的样子吼了一声："啊……唔……"

毛泽东和杨开慧看着，都笑了。

吃完饭，毛泽东从杨开慧怀里接过岸龙，跟她拉着家常："时间过得真快呀！一转眼，岸英都5岁了。"她没作声，微微地点了点头。

"为了革命事业，这些孩子从小就吃百家饭，走万里路啊！"想到这里，毛泽东十分感慨地说。

杨开慧没有讲多少话，她知道毛泽东在等她表态，于是，一转话题说："你放心去吧！家里纵有千难万险，我也不会松肩的。"

毛泽东感激地点了点头："不过，敌人越来越残忍了，'铲共义勇队'活动很猖狂，你要多加小心，平时要隐蔽好，孩子们……"杨开慧接过话来："只要我在，孩子不会吃苦的，即便我遭殃，孩子……"她安慰着毛泽东那颗放不下的心。

咚！咚！咚！房屋后门传来三下轻轻的敲门声，地下交通员来接应毛泽东了。

分别的时刻到了，毛泽东默默地与杨开慧相视片刻，随即来到孩子睡觉的岳母房里，他要再看看孩子。杨开慧把手中的桐油灯递给毛泽东，他接过油灯，端详着岸英和岸青稚气的脸，突然，一颗泪珠从岸英眼角滚了下来。毛泽东用温暖的大手，轻轻把岸英的泪珠抹掉……显然，岸英并没睡着，他已经懂事了。

后门又敲响了三声。毛泽东向开慧无声地扬了扬手，打开门时，又深情地望了她一眼，转身跟着交通员走上了山路。

可是，谁能想到，这次竟是他们最后的诀别。

毛泽东走后，形势变得越来越紧张，反动派到处抓人杀人。为了躲避敌人，杨开慧不得不带着孩子东躲西藏，在离板仓十多里的舅舅家住一阵，又在姨妈家住一段时间……

不管是住在板仓，还是躲在亲戚家，每到一地，岸英都要跟着妈妈走亲访友。妈妈跟一些农民伯伯、叔叔、婶婶商量事情，他就机警地在门外放哨。他知道妈妈干的事，就是爸爸临走时交代过的替穷人办好事。

最让杨开慧惦念的还是丈夫。开始毛泽东还能与杨开慧保持联系，在毛泽东领着湘赣边界秋收起义部队上了井冈山后，给杨开慧写了一封信，告诉她革命军打下茶陵县城，在那里成立了第一个苏维埃政府……井冈山的条件很艰苦，进入冬天了，战士们仍穿着单衣……接到信后，杨开慧非常不安，更加惦念毛泽东。于是，她提笔写了《偶感》这首诗：

天阴起朔风，浓寒入肌骨。

念兹远行人，平波突起伏。

足疾已否痊？寒衣是否备？

孤眠谁爱护，是否亦凄苦？

书信不可能，欲问无人语。

恨无双飞翮，飞去见兹人。

兹人不得见，惆怅无已时。

虽然，井冈山离板仓并不遥远，然而在当时的情况下，犹如隔着千山万水，要想见到亲人比登天还要难。杨开慧委托地下党的交通员给毛泽东捎信，可是，随着井冈山的名声越来越大，敌人对井冈山的封锁越来越严密，音信不通。而敌占区的白色恐怖却日益严重！不久便传来湖南省委负责人郭亮被捕牺牲的消息。与杨开慧联系密切的杨柳坡党支部组织委员郑有益也被杀害了。党内的同志和乡亲们都很担心杨开慧的安全，劝她离开板仓，或者送她到江西去。每次她都说："我没有收到润之的亲笔信，不能擅自离开自己的战斗岗位。"于是，杨开慧怀着痛苦和复杂的心境，写日记和诗文以排遣她对毛泽东的思念：

我无论怎么都睡不着，虽然是倒在床上，一连几晚都是这样，合起来还睡不到一晚的时辰。十多天了，半个月了，一个月了，总不见来信，我简直要疯了。我设一些假想，脑子像戏台一样，还睡不着觉，人越发枯瘦了。

有一天，她从城里弄来几张过期的湖南《国民日报》《晚晚报》，上面登着"朱（德）毛（泽东）匪部惨败溃逃，井冈山为国军全面收复。""匪首毛泽东在东固毙命，匪酋朱德被打断右腿……"

杨开慧又写道：

太难过了，太寂寞了，太伤心了，这个日子我简直想逃避它。但为着我这三个小宝，我终于不能逃避。又是一晚没有入睡，我不能再等了，我要跑到他那里去。小孩，可怜的小孩，又把我拖住了。我的心挑了一个重担，一头是他，一头是小孩，谁也拿不开。我要哭了，我真要哭了。我怎么都不能不爱他，我怎么都不能……

杨开慧舍不得将诗文毁掉，相信有朝一日，这些诗文能送到毛泽东的手中。于是，她就用一块手帕将诗文包扎好，塞进屋后墙壁的砖缝中。再把墙缝掩盖好，不露一点痕迹。外面风声紧张了，杨开慧就把有用的文件装在一个蓝花瓷坛子里，埋在离家不远的山脚边的地下深处。而一些随时需要的重要材料，也都整理好了，放在既顺手又保密的地方，一旦有情况，可以马上销毁。

安排好这一切后，似乎已做好了一切准备，她更加镇定自若，现在没有什么可以担心的事了。最让她感到欣慰的是，岸英变得很懂事。他从5岁起就跟着妈妈学习，杨开慧教他识字、默写，教他写毛笔字。7岁那年，岸英进了附近的杨公庙小学读书。由于妈妈的早期教育，岸英在班上不但学习好，品行也端正，老师喜欢，同学们都愿意跟他接近。

每当放学后，岸英很快把功课做完，便拿起砍柴刀，领着岸青跟孩子们一起到山上去砍柴。有时候他爬到树上掏鸟窝，有时他下到塘里捉泥鳅，搞得浑身上下像个泥猴子。每次，他把小半桶活蹦乱跳的泥鳅送回家时，总是嘱咐妈妈说："爸爸最喜欢吃泥鳅了，我们都不吃，把它晒干熏好留起来，等爸爸回来再吃……"

岸英在板仓住了3年，和妈妈、弟弟们形影不离。孩子一天天在长大，岸英就要到8岁生日了，他长成大伢子，懂事了。

然而，杨开慧发现这两天有些情况不妙。这时，孙嫂急匆匆赶回来，把竹篮放在桌上，便惊慌地走到开慧身边，悄悄地说："我看到不少枪兵，在板仓四周转来转去，霞姑，你可要小心啊！"

杨开慧没吭气，脸色更加沉重、严峻，她已做好了迎接一场血雨腥风的准备！

4. 跟妈妈一起坐牢

1930 年 10 月 24 日，是毛岸英的 8 岁生日。头天傍晚，岸英从杨公庙小学放学回来，一进家门就很有礼貌地喊一声外婆、妈妈，然后把书包往桌上一丢，转身出去跟小朋友们玩耍去了。这时，孙嫂慌张地从外面回来，悄悄地说道："霞姑，有个贩罐的人好奇怪，一整天都在我们家前前后后转来转去，贼眉贼眼的，不像好人。"

杨开慧立刻收敛了笑容，询问孙嫂那人的装束模样，孙嫂详细地描述了一遍，杨开慧若有所思地说道:"会不会是乡里那个余连珊,他在范瑾熙手下当'铲共义勇队'队员,从小就不务正业。"

"霞姑,那个范瑾熙你也记得?"孙嫂忐忑不安地问。

"他是板仓人,从小就认得。他现在是长沙县福临乡乡长,咱们走的不是一条道。"杨开慧停了一会儿,接着说:"孙嫂,要沉住气,不论发生什么事都由我来对付。即便他们有千条计谋,我也有一定之规,你用心看好三个孩子,照顾好妈妈。一会儿你到铺子里割斤把肉,回来再炒些新上市的花生,岸英喜欢吃的。"

孙嫂叮嘱了一句:"你可要小心点啊!"就提着小竹篮出门了。

岸英玩了一会儿就跑回来,扑在妈妈的膝上,神秘地说道:"妈妈,我放学回来走到棉花坡时,碰到一个旧货佬,他问我是不是霞姑的大儿子?还问'你妈妈在屋里搞么事?'我说'哪里有什么霞姑,我不认识。'妈妈,是不是有坏人?"毛岸英两眼疑惑地注视着妈妈。

杨开慧一把将岸英扶起,坚定地对他说:"岸英，坏人没有什么可怕的，因为爸爸和妈妈都是做正经事的人，正义总会战胜邪恶的。你长大懂事了，要照看好两个弟弟。"说完，起身走进了卧室，打开放着文件的箱子，拿出所有的文件材料和她平时写的诗文草稿，躲进卧室后边的厕所里，不停地烧起来，直到全部销毁才回到屋里。不一会儿，孙嫂急匆匆地从村子里跑回来对开慧说："霞姑，一群匪兵拉着一辆囚车在村子里转悠，会是来捉人的啵？你要不要躲一躲呀？"

杨开慧镇静地说道："劫到了，无处藏，无处逃……"

这时，外面传来匪兵的砸门声和叫喊声，"铲共义勇队"已把板仓杨家团团围住了。见此情景，杨开慧的母亲赶紧跑出来，一把把岸青和岸龙拉进了内屋。孙嫂也跑出来刚要拉岸英到屋外的当儿，那个装着卖陶罐的暗探余连珊用枪挡住孙嫂和岸英的去路："哟，你就是毛泽东的伢子吧？不能走。"

这时，范瑾熙手里提着匪枪大步跨进屋里，大嘴一咧说："霞姑，你在家呀！"

杨开慧冷笑说："你们要干什么？"

范瑾熙往椅子上一坐说："没么子事，上头要问几句话，跟我们去一趟长沙。"停了一会儿，他又继续说道："霞姑，我们都是乡里乡亲的，我也是没办法呀，再说杨昌济老先生也是长沙城的人物，好说，好说嘛。"

杨开慧仰起脸说："你们想问什么？"

"毛泽东在哪里？你是他堂客不能不知吧？"

"他远在江西、福建，近在湖南，你们有本事去找他去呀，来问我干什么？"

"霞姑，你别不识好歹，要是把你押到长沙城去，你的头就怕保不住了，就会和朱德的堂客下场一样，头要挂在竿子上的。"

杨开慧听到这里，肺都要气炸了，她伸出手指着范瑾熙愤怒地斥责道："你们这帮无人性的东西，就是把天下的树叶都变成刀，也杀不尽共产党！"

"毛泽东的堂客，果然厉害！给我把这个恶婆子打入囚车！"范瑾熙喊叫着。杨开慧一句话没说，径直向屋外走去，她想把敌人引开，让儿子岸英避过这场灾难。

毛岸英拼命地连哭带喊："为啥抓我妈妈！我妈妈是好人，你们是坏蛋！我要妈妈……"岸英的哭喊声惊动了许多人，门前聚集的人越来越多，人们大声喊："你们为什么抓人？""为啥要抓霞姑？……"

范瑾熙一看板仓人要闹起来了，害怕被绊住脚，大声地嚎叫："快走！快把毛泽东的崽子绑上车，这个老妈子也不是好人，一同带走！"

匪兵们把杨开慧和岸英、孙嫂推到一辆土车改成的囚车上，然后使劲地抽打着拉车的牲口，匪兵们簇拥着囚车，打着火把离开了板仓冲，乡亲们怀着沉痛的心情目送着杨开慧母子消失在暮色中……

杨开慧和岸英、孙嫂三人先是被范瑾熙关进湖南长沙警备司令部的监狱里，第二天又转移到陆军监狱，这是国民党的所谓"模范监狱"，是专门用来关押革命者的，许多革命志士的鲜血就洒在了这块土地上。此时，这里已经关满共产党人和进步群众，而杨开慧他们被单独关在一间暗小的号房里，房里没有床铺，潮湿的水泥地上只铺了一些稻草。岸英就跟妈妈、孙嫂挤在一起，等待黎明。

敌人的审问公堂（刑戒室），就在他们号房的斜对面，中间隔着天井。自从岸英母子被抓来以后，每当听到公堂里鞭打"犯人"的声音，岸英就抱着妈妈难过地问："妈妈，他们会打你吗？"

妈妈抚摸着岸英的头，坦然地笑着说："要打要杀随他们，妈妈做的是好事。妈妈不怕打，不怕杀！"听到这话，毛岸英直愣愣地看着妈妈，眼中的泪水不由自主地流淌了下来。妈妈替他揩眼泪，宽慰地说道："伢子，来，妈妈来给你上课，教你识字。"说完，她握住岸英的小手，在他的手心里一笔一画地写，一边写一边说："干革命，主义真。为祖国，为人民。方向定，骨头硬。不怕苦，不怕死。辈辈走，不停步。"

妈妈在儿子的手心里，一遍，两遍，三遍……不停地写着，岸英跟着妈妈不停地念着……

杨开慧入狱的第二天下午，号房门上的铁锁哐啷一声打开了。牢头凶神恶煞般地大声吼叫："提共匪杨开慧！"吼声在牢里回响，号子里显得格外恐怖。

听到叫喊声，毛岸英突然起身紧紧地抱住杨开慧，连忙说道："妈妈，不能去，不能去的呀！"

杨开慧抚摸着儿子的头说："岸英，妈妈给你上的课记住了吗？是怎么说的？"

岸英点了点头，边哭边回答："记住了。干革命，主义真。为祖国，为人民。方向定，骨头硬……"杨开慧满意地望着岸英，然后把他交给了孙嫂，便从容地走出牢门，跟着狱卒，经过天井的走廊，走进杀气腾腾的审问公堂。

被折磨两个多小时的杨开慧送回牢房时，身上已被打得皮开肉绽，青布衣服上全是鲜血。岸英看到妈妈被打成这个样子，哭得更加悲伤了，他一把抱住妈妈，流着泪，用小手抚摸妈妈的创伤，发誓地说："妈妈，等我长大了，我把坏蛋们都抓起来，替你报仇。"

杨开慧听到儿子的话，慢慢睁开眼睛，又艰难地抬起手抹着儿子脸上的泪水，有气无力地说道："岸英，你要记住，爸爸正在打白匪，很快就会打回来的，妈妈受苦也不怕。等你们长大了，革命成功就更有希望了。"

毛岸英会意地点着头，嘴里嗯嗯着。

在孙嫂的护理下，杨开慧身上的疼痛稍好一点，就把岸英拉到身边，喘着气说："岸英，妈妈昨天教你的课文还记得吗？"

岸英回答说："记得，'爱穷人，爱祖国。懂仇恨，志更坚。忘仇恨，必叛变……'。"岸英记性很好，不仅把妈妈教的内容全都记住了，还能默写出来。杨开慧又继续说道："岸英，妈妈再教你一课吧，不光你要记住，以后还要教给弟弟：'为工农，干革命。上刀山，下火海。走向前，立头功。'"杨开慧一字一字地教，又一句一句地讲，岸英跟着念，直到会写会背。杨开慧躺在稻草上，轻轻地呻吟着。岸英怕妈妈冷，就脱下自己的破褂子，盖在妈妈身上。

杨开慧被捕后，板仓地下党组织立即把她妈妈向振熙和岸青、岸龙转移到了安全地方。父亲杨昌济老先生的朋友，也想办法出面去找时任国民党湖南省省长的何健保杨开慧，说她只是毛泽东的妻子，不是共产党。何健狂怒地说："毛泽东的堂客不是共产党，长沙就没有一个共产党了。要我放人好办，你们让杨开慧写份和毛泽东脱离关系的认罪书吧。"他又假惺惺地说："我是佛心，准许去探监，劝劝她吧。"

杨开慧入狱不到20天，敌人连续审讯了5次，这一次，何健亲自来督审。执法处长恶狠狠地问道："杨开慧，何省长特别交代，只要你在报纸上发表一个声明，与毛泽东脱离关系，你就可以得到自由。你考虑好了没有？"

杨开慧两眼盯着门外，毅然回答道："要打就打，要杀就杀！何健想要从我口里得到你们满意的东西，痴心妄想！"

敌人再一次给她动用酷刑，灌辣椒水也没动摇杨开慧坚强的意志。敌人又一次一无所获。何健无奈地对执法处长说："不要再审了，朱德的堂客打了百遍，也未审出一句话来，这个毛泽东的堂客，审一千遍也没用。共匪把江西、福建都占领成了根据地，还能拖下去吗？"于是决定把杨开慧"杀头示众"。后来，迫于地下党组织和杨开慧的亲属、朋友们在南京、长沙等地多方营救，以及舆论的压力，何健只好把杨开慧改为"枪决"。

杨开慧被拖回牢房，昏迷了 3 天，当她苏醒过来时，岸英几乎哭干了眼泪。杨开慧把儿子紧紧地搂在怀里说："岸英，这里发生的事情你都要记住，以后都要告诉你爸爸，爸爸他一定会带领红军打回来的。"

　　岸英抓住妈妈的手说："妈妈，我记住了，我要告诉爸爸，我一定为你报仇！"他把头抵在妈妈的怀里哭了起来。

　　杨开慧拉着岸英的小手，轻声说道："岸英，你是妈妈的大孩子了，要听外婆的话，要把两个弟弟带好，妈妈就放心喽。"

　　这一夜，牢房外一片漆黑，刺骨的寒风刮得叫人毛骨悚然。杨开慧在毛岸英睡下后，又和孙嫂说了半宿的话，交代完许多后事。她强烈地意识到，将要与这个世界永别了。她不怕死，因为她是毛泽东的妻子，她更是一位忠诚的共产党员！为了革命事业，她早已将自己的生死置之度外！

　　1930 年 11 月 14 日清晨，天阴沉沉的，岳麓山头乌云密布，苍翠的层林笼罩在蒙蒙的灰色之中，奔腾的湘江水翻滚着巨浪呜咽着向北流逝。长沙陆军监狱在寒风中显得格外阴气森森。上午 7 点多钟，一队持枪的士兵杀气腾腾地来到牢房门口。难友们从这异常的气氛中察觉到不祥：敌人要对杨开慧下毒手了！

牢卒打开杨开慧牢房的铁锁，其中一个提签的国民党军官大声念道："女犯杨开慧，一名，立即执行。"

此时正是牢房"犯人"吃早饭的时刻，敌人的号叫声一下子惊呆了所有的人。毛岸英丢下手中的饭钵子，扑上前去死死地抱住杨开慧："妈妈，你不能去！妈妈，不能去啊！"

杨开慧双手搂着岸英极其镇静地说道："英伢子，不要哭，哭是没用的。你要记住，长大了要好好为穷人做事，要像爸爸妈妈一样，继续革命！"

杨开慧从枕头底下取出一套早就准备好了的青布衣服，换了一双白底青布圆口布鞋，和牢房里的难友们一一点头告别。她走到号子门口，又回过头，弯下腰把岸英紧紧地搂在自己胸前，最后一次温暖着爱子，她在他那满是泪痕的脸上亲了又亲。最后，向岸英叮嘱道："英伢子，记住，血债要用血来还！"说完，便昂首挺胸，大步走出牢房，转过丁字形的走廊过道，与每个号子里扒在窗口上目送她的难友们作最后的告别！

岸英望着妈妈远去的身影，知道妈妈再也回不来了，他声嘶力竭地呼喊道："妈妈！妈妈……"哭喊声让人肝肠寸断，他嗓子哭哑了，眼泪哭干了，一直哭得精疲力竭，躺在墙角里，双手仍紧紧地抱着妈妈刚刚换下的尚带体温的衣裤……他咬紧牙关心中暗暗发誓，一定要为妈妈报仇！

杨开慧被绑到浏阳门外的识字岭刑场英勇地就义了。敌人为了折磨这位不屈的共产党员，凶残的刽子手不是一下子就让她毙命，而是先开枪把她打伤，让她流血，让她疼痛。她在痛苦中煎熬着，两只手深深地抠进了泥土里……

杨开慧就义三日后的那个月黑风高的夜晚，板仓的乡亲们冒着危险，偷偷地赶到长沙识字岭刑场，找到开慧的遗体，用一块白布包着，用滑竿悄悄地连夜抬回板仓。杨家按照开慧生前的嘱咐，只买了一副杉木棺材，将开慧收殓后，掩埋在她童年时代嬉戏玩耍、青年时代陪着毛泽东畅谈革命理想的棉花山。

杨开慧英勇就义十多天后，经地下党组织、杨开慧的亲属及杨昌济的朋友等多方努力，毛岸英和孙嫂才被释放，回到板仓。一天，外婆带着岸英、岸青和岸龙三兄弟来到棉花山杨开慧的坟前，她指着一座新坟说："伢子们呀，你们的妈妈就睡在咯里，她是被何健杀死的，等见到你们的父亲，要他为妈妈报仇雪恨啦！"

兄弟三人一边哭，一边用手扒着坟上的黄土，他们恨不得扒开地皮，再看一眼亲爱的妈妈！毛岸英边哭边喊："妈妈呀，你在哪里呀？爸爸又在哪里？泽民叔叔又在哪里呢……"现在，只有外婆是他们唯一的亲人了。

从此以后，岸英仿佛长大了许多，性格也变得沉默内向起来，他不时地向外婆打听爸爸的消息，他要去找爸爸给妈妈报仇！外婆不断地告诉他，爸爸现在在很远的地方打白匪。

1930年12月，毛泽东在江西从一张过期的国民党报纸上看到杨开慧被杀害的消息时，心里万分悲痛，他望着长沙的方向轻轻地喊着："霞姑，霞姑……"并随手在信笺上愤笔写下"开慧之死，百身莫赎"8个大字，然后站起身来，把手中的笔投掷在地上。片刻之后，毛泽东又写了一封信，附上这句悼词，还设法凑了30块大洋，通过秘密渠道辗转送到板仓乡下，作为杨开慧的安葬费。乡亲们用它为开慧立了一块石刻墓碑：

民国十九年冬立　修

毛母杨开慧墓

甲山庚向，男岸英　岸青　岸龙刊

毛泽东对杨开慧的深切怀念之情，在他后来所写的《蝶恋花·答李淑一》的词中表达得淋漓尽致：

我失骄杨君失柳，

杨柳轻飏直上重霄九。

问讯吴刚何所有，

吴刚捧出桂花酒。

寂寞嫦娥舒广袖，

万里长空且为忠魂舞。

忽报人间曾伏虎，

泪飞顿作倾盆雨。

5. 短暂的大同幼稚园生活

毛岸英从监狱回到板仓后，地下党组织就安排把毛岸英藏在大舅妈李崇德的身边，又把毛岸青、毛岸龙分别藏在了五舅和六舅家里。

这时，毛泽东和朱德正率领红军进行第一次反"围剿"的战斗，第一仗就活捉了担任"围剿"前线总指挥的国民党军第十八师师长张辉瓒，在全国引起了极大的震动。国民党湖南省省长何健立刻露出了狰狞的面目，他想要拿毛泽东的儿子毛岸英来保张辉瓒的命。

湖南不是久留之地，毛岸英兄弟留在湖南随时都有危险。于是，党中央决定派人把毛岸英三兄弟转移到上海去。

1931年2月初的一天，湖南地下党组织接到党中央上海地下机关转来的信，便由地下交通员化装成修伞补鞋匠来到板仓，秘密地把信转到杨开慧母亲的手中。信里讲到，希望按照信上约定的时间和地点，把毛岸英三兄弟送到上海，如果过了这个时间，就千万不要送。

　　杨开慧的母亲接到这封信，急忙把岸英三兄弟找回板仓。三兄弟聚齐后，外婆特意给他们炖了一只鸡，看到他们狼吞虎咽吃饭的样子，心里既高兴又难过。离开板仓的前一晚，外婆和舅妈李崇德反复向毛岸英三兄弟交代："我们要去很远的地方，从现在起，你们都改姓杨，岸英改叫杨永福，岸青改叫杨永寿，岸龙改叫杨永泰。你们都管舅妈叫'妈妈'，管外婆叫'奶奶'，都记住了吗？"

　　岸英和岸青爽快地回答："记住了，奶奶、妈妈。"二人相视一笑。岸龙不明白地问："外婆，我为什么要叫杨永泰呢？"外婆也不便向他作更多的解释，就说："你要叫杨永泰，不这样叫，你就见不着爸爸了，坏蛋就会把你给抢走的。"

　　等三个孩子都睡熟之后，外婆便把密信藏在

岸龙的棉裤里，收拾了些简单的行李物品。

　　经板仓地下党组织的周密安排，第二天清晨，外婆和舅妈李崇德扮成走亲戚的模样，领着岸英三兄弟，由板仓农民纠察队队员推着两辆鸡公车，绕过敌人的盘查，送到粤汉铁路边的白水火车站，搭乘闷罐火车到了武汉，第二天又改乘江轮顺流而下。他们在轮船上颠簸了三天两夜，终于在第三天的黄昏到达上海外滩十六铺码头。他们下了船，沿着马路向前走着，只见到处是洋人。

　　岸英警觉地对外婆小声说："奶奶，咱们得快点离开这里。上次妈妈和您带我去武昌时，就是下车后找人力车拉着去住的地方的呀。"

　　经岸英这么一提醒，外婆忽然觉得是该雇一辆车送一下，这人生地不熟的，上哪里去找啊。他们走到人力车旁，舅妈正要从岸龙的棉裤里取信找地址，岸英说："妈妈，我记住了，那里是辣斐德路3号，叫天生祥酒店。"他们坐上两辆车一前一后地来到这家组织上安排的接头地点。

　　来到酒店，外婆敲了三下门，门里有个女人问："谁呀？"

外婆回答:"给你们捎个口信来。"

里面又传来男人的声音:"你们是从哪里来?"

"从湖南。"外婆应回道。

一位 40 多岁的男人打开店门,看了他们一眼说:"五口人?是向大妈吧?你们辛苦啦!"转身就把大家让进屋。这时舅妈从岸龙的棉裤里取出那封信,那男人边看边说:"向大妈,我也是湖南人,让孩子们就叫我佘大叔吧。这酒店关板有一阵子了,你们全家暂时都住楼上,先好好休息,没有我的话,哪里也不能去,就是说你们不要下楼。"

第二天早晨,佘大叔雇来三辆人力车,又把他们送到地下党开办的一所私人旅馆。一切安排好了后,便去通知毛泽民(化名杨杰)和钱希均(化名张静)夫妇来这里跟孩子会面。

当时,毛泽民是中共中央出版发行部经理,他负责管理地下党开办的几个印刷厂和书店,秘密印刷、发行马列主义的书籍和党中央的刊物。

一天晚上,岸英和岸青正在桌边练习写毛笔字,忽见舅妈抱着岸龙进屋来说:"岸英、岸青,你们看是谁来了?"

岸英一见来人，扔下手中的笔，跳起身叫道："二叔！你可来了……"话未说完，眼泪就簌簌地掉了下来。他扑到毛泽民身上，双手抱住二叔一时都说不出话来。岸青也扑过去一把抱住二叔的腿。

毛泽民见到岸英三兄弟和他们的外婆、舅妈，心里又喜又悲。他一边向她们介绍他的夫人钱希均，一边用手给孩子们擦着泪水。他激动地说道："这下好了，我们总算是小团圆了。"

岸英泣不成声地说道："二叔，我妈妈死了！你要给妈妈报仇呀！"

毛泽民抱着岸英，强忍着悲痛说："伢子，别难过，革命总要有人牺牲的！"

"二叔，我要找我爸爸，你带我去找爸爸呀！"毛泽民这条硬汉子，也忍不住鼻子发酸，眼泪簌簌地落了下来。他在岸英头上、脸上、身上摸了又摸，接着又去亲岸青、岸龙。

"好伢子，你们的爸爸不在上海，他在很远很远的地方，正在领导红军消灭敌人，替你妈妈和千万劳苦大众报仇哩！"

二婶钱希均也一边给孩子揩脸上的泪水，一

边说:"孩子们,要记住这仇恨,妈妈的仇迟早是要报的!"

听了二叔和二婶的话,岸英才止住哭,两只小拳头捏得紧紧地恳求道:"叔叔,我要找爸爸,我要参加红军打坏蛋!"

毛泽民舒了口气,疼爱地抚摸着岸英说:"你爸爸正在打仗,那里很艰苦,等你长大一点,我再送你去,你说好不好?"停了一会儿,他又微笑着说:"小叔也跟你爸爸在一起,前些日子到了上海,是他带来你爸爸的信,接你们到上海来的。你们到了上海,就要好好听话,好好读书,还要照顾好弟弟。"

岸英坚定地点了点头。

这时,大街上传来激烈的鞭炮声,有钱人家在过元宵节。二婶拿着带来的一个小蒲包,还有个长条纸盒,走到岸英的外婆跟前鞠了一躬,说:"伯母,非常感谢您老人家,还有李崇德舅妈,你们冒着危险,把岸英三兄弟带到上海来,我代表毛家和我哥哥,深深地表示谢意。今天是正月十五元宵节,我们毛家也算团圆了,我带了一些爆竹和元宵来庆祝。"说完，她领着三个孩子下楼放爆竹，岸英和两个弟弟度过了这温馨愉快和难忘的一夜。

毛泽民夫妇担负着党内重要工作，十分繁忙，生活待遇跟一般党员一样，每月只有 5 块钱津贴，岸英三兄弟也不便带在身边。党中央领导同志跟毛泽民研究后，决定先把他们安置在全国互济总会办的大同幼稚园。大同幼稚园设在法国天主教堂旁边，是地下党组织专为安置党内牺牲的革命烈士的子女所办的，由地下党员、天主教堂的董健吾牧师管理，比较安全可靠。

几天后，毛泽民夫妇又来了，他们和外婆、舅妈商量一阵子后，就领着岸英三兄弟在约定的法国公园（今复兴公园）进行交接。

1931 年 3 月，毛岸英和两个弟弟用杨永福、杨永寿、杨永泰的名字，顺利地进入了大同幼稚园。此时的毛岸龙还不到 4 岁，离开外婆来到新的环境开始时还有些不适应，岸英就把他带到小朋友中去玩，帮助老师照顾和岸龙一样大小的小伙伴。在园里岸英算是比较大的孩子，他做事和说话都像大人一样，很受老师们的喜欢。老师教孩子们识字，岸英就像是一个小教员，帮助和辅导那些年龄较小的小朋友。小朋友们都亲热地称他"永福大哥哥"，老师也让他担任起了班长。

岸英三兄弟在大同幼稚园老师的教育下，成长进步很快，老师称他们为"三阳开泰"。有一次，老师要求孩子们给亲人写封信，岸英正好想把心里话说给二叔二婶和外婆、舅妈听听，于是，一口气写满了 12 张毛边纸。

他在信中写道："我们在大同幼稚园，每天上课，老师很关心我们，教给我们很多新鲜事，以前听都没有听过，真有趣。我们三兄弟都很好，就是想念爸爸妈妈，想念叔叔婶婶和外婆舅妈……岸龙身体弱些，我和岸青都在学习生活方面帮助他，请放心。外婆要保重身体，等我长大了，我要接外婆来一起住，要多多地孝敬她老人家。二叔，我现在对革命有新认识了，那就是像爸爸妈妈和你们那样，将来为穷苦大众干革命，才是人生的目标……"

1931 年 5 月，中央革命根据地第二次反"围剿"胜利以后，毛泽民夫妇去江西瑞金参加筹备第一次苏维埃全国代表大会。在那里，他把岸英兄弟的情况向毛泽东作了介绍，也把岸英的信交给了毛泽东。

毛泽东看了岸英的信，心情无比激动和喜悦，连声说道："岸英真是个好伢子啊！"

岸英兄弟进幼稚园不久的一天，本来活泼健康的毛岸龙忽然变得没有精神了。岸英摸摸他的脑袋滚烫滚烫的，就请幼稚园的老师给他吃了几片药，可是岸龙的高烧仍然不退，还出现了上吐下泻的症状。岸英和岸青守在岸龙身边，不时为他擦汗、喂水，还给他讲故事听。看到岸龙的小脸烧得通红，一点东西也吃不下，岸英急得哭了，他哀求老师把小弟送去医院，一定要治好小弟的病。小弟送到医院后，哥俩天天打听小弟的病情，老师只是说好多了。岸英提出要去探望，老师说现在还不行。就这么一推再推，半个多月过去了，小弟的病情如何，哥俩还是一无所知。小弟的病始终成为哥俩心中的挂念。

直到30多年后，中央有关部门经过详细调

查，才确认毛岸龙因患细菌性痢疾，于 1931 年 5 月在上海广慈医院夭折。

九一八事变之后，上海成了五花八门的特务机关的聚集地。在法租界的大同幼稚园很快成为国民党和日本特务的监视重地。外面的形势一天比一天紧张，虽然特务们一时还没有完全弄清大同幼稚园的背景，但国民党特务和日本特务已经知道毛泽东的三个儿子在上海。上海地下党组织预感到形势危急，决定提前展开抢救孩子的行动！1931 年 12 月初的一天夜里，大同幼稚园的孩子们静悄悄地全部撤出并得到妥当的安置，第二天，校长和老师们也都无影无踪了，大门贴上了封条。

原来，天主教堂的牧师董健吾得知大同幼稚园将解散的消息后，感到保护毛岸英兄弟的责任重大，于是连夜找到校长，提前把岸英兄弟俩带进了天主教堂，藏在一间秘室里。他对毛岸英说："外面的风声很紧，日本人和国民党特务已经知道你们在上海的消息，可能要对幼稚园进行大搜查，现在，你们暂时待在这里，哪儿也不能去。"岸英赶忙问："杨杰（毛泽民的化名）现在在哪里？"董健吾摇了摇头表示不知道。

　　由于上海地下党组织遭到严重破坏，日本特务对上海的各国租界也发出警告，要求在"剿共"方面必须合作。住了几天后，董健吾感到法租界的天主教堂也不安全，于是辞去了牧师的职务，搬出了法租界的天主教堂，带着岸英兄弟俩回到他的家里躲避。

　　董健吾和夫人住在淮海中路普安里附近由地下党组织开办的"松柏斋古玩店"。他们安慰岸英说："住下来不要急，很快就会有家里人来接的。"兄弟俩的心暂时安定了下来，吃穿费用也由上海党组织按时供给，只是外边搜查的风声仍很紧。董健吾对他们管得很严，一般情况下不能出屋，若要出屋，必须告知董健吾。岸英兄弟俩扮作董健吾家的孩子，由董健吾的岳母照顾着。这一段时间岸英和岸青除了读书写字外，每天都希望二叔来接他们，盼着能再回到大同幼稚园那样的环境。

　　没过多久，上海地下党组织的同志来看望兄弟俩，经过商量后，认为上海白色恐怖越来越严重，董健吾家距离嵩山路法国巡捕房较近，应将兄弟俩转移到更安全的地方去。

董健吾只好将岸英兄弟俩安排到修德里他前妻黄慧光家里生活。黄慧光是个无职业的家庭妇女，身边已有4个孩子，全家生活全靠她长子一人的微薄收入来维持，岸英兄弟的到来，无疑又增添了不小的困难。

他们来到黄慧光的家，董健吾介绍说："这是我朋友的孩子，暂时住在这里，以后另有安排。他们的生活费由我支付，不亏待你。"这时的地下党组织仍能按月供给兄弟俩的生活费。岸英兄弟俩来到黄家后，什么活都帮忙干，洗衣服、扎纸花、洗碗、点煤炉、刷马桶……有一点闲工夫，兄弟俩就跑到马路上去推黄包车，推出一段路程，挣上一两个铜板，攒起来买学习用的纸和笔。就这样相对安稳地过了一阵子，等董健吾再次来到黄慧光家时，他跟黄慧光商量说："这里不安全，你们搬到三多里去住，永福、永寿也跟着一起走。"这天夜里，黄慧光极不情愿地带着孩子们和岸英兄弟俩把家搬走了。

搬家后的日子更加清苦，岸英每天干的活更

多，他脚上的鞋子磨破了就找块皮子自己缝补，再破就再补，一次次地补，最后不能补了，连脚指头都露在了外面。他对弟弟说："听爸爸说过，只要脚跟站得稳，脚指头露在外头也摔不了跟头。"兄弟俩再苦再难，也要坚持每天认字写字，岸英用推黄包车赚的钱到旧书摊上买小人书回来和弟弟一起看，这是他们最快乐的时刻。

董健吾已有两个多月没有来送生活费了，黄大娘就大发脾气，骂董健吾说话不算数，动辄就对兄弟俩数落一顿。这时的上海已完全控制在日本特务手中，中央机关也从上海转移到了江西瑞金，上海的地下党组织连连遭敌特破坏，毛岸英兄弟俩的生活费被迫中断了。

一天夜里，董健吾突然到来，黄大娘和他大吵了起来。董健吾离开之后，黄大娘的脾气就更大了，动不动就给岸英哥俩脸色看。开头岸英还能忍受得住，还劝岸青不要跟黄大娘顶嘴。可后来，看到岸青整天叨咕要去找二叔，岸英也实在不想继续在黄家待下去，他们便主动离开了黄慧光的家。

6. 流浪上海滩

岸英带着岸青和一个装着几件旧衣服的破包袱离开了黄家，他们无依无靠，该向何处去呢？为了填饱肚子，岸英就带着岸青跑到马路上去帮着推黄包车，干了一天，才挣几个铜板。

他们又渴又饿，便走到一个烧饼铺前，岸英怯生生地对腰上系着围裙的老大爷说："大爷，买个烧饼，可钱差点。"

这时从里屋突然走出一个龇着大黄牙的女人，哼了一声说："你没长脑袋啊，钱不够还想吃烧饼？"

老大爷望了望那女人，又看了看饿得怪可怜的岸青，说："欠下的钱记我账上。"于是挑了一个烧饼递给岸青。岸青接过烧饼馋得直舐手指头，他欢心地说："哥，咱俩一块吃。"岸英说不饿，可是哥哥不吃岸青又不肯吃。后来岸英咬了一小口，岸青才狼吞虎咽地把烧饼全吃下肚了。

老大爷把这一切都看在眼里，心酸地问："没有家了？"岸英点了点头。老大爷伸手摸了摸两个孩子说："你们能干零活不？"

大黄牙女人发话说："老东西，你给我烧饼铺招兵买马呢，还想找两个吃闲饭的？"

老大爷说："老板娘，你这个烧饼铺，就我一个伙计，就是把我分成俩人，这么多活也干不过来。"

岸英一听连忙说道："老板娘，我和弟弟打过工，你店里的活我们干得了，你能给口饭吃就行。"

大黄牙一看这个便宜可捡，于是说："说好啦，只能供你们饭吃。"就这样，岸英兄弟俩被雇进了烧饼铺当小工使唤。

白天，天还没亮，岸英就被大黄牙叫骂起来，同她一起去街上买菜、买油、买面，买的所有东西都由岸英扛着。回到铺子还要挑水、生煤炉、刷马桶。晚上，岸英兄弟俩就跟老大爷一起挤在和面的面板底下睡觉，小小的空间里又暗又潮，还塞满了破东西。

大黄牙的男人是个地痞子，经常对他俩打打骂骂的，还要岸青管他儿子叫少爷，管他女儿叫小姐，并且侍候他儿子上学堂。没过两天，又要岸青侍候她女儿。岸英气不过地问大黄牙："开始时没讲下我弟弟给你伺候孩子呀？"大黄牙瞪圆眼睛骂道："我凭啥养活白吃饭的人？养狗还能摇晃尾巴，不干就全滚蛋。"

　　老大爷也生气地说："当时是没有讲下要永寿给你家伺候孩子的呀？"大黄牙跳脚吼道："老东西，你也吃里爬外，连你都给老娘一起滚蛋。"

　　岸英怕连累老大爷，只好咬紧牙关忍气吞声。他默默地等着二叔回来，认定爸爸和红军一定会来上海解救百姓，解救他们的。他心头始终燃烧着不灭的希望。

　　看到大黄牙的儿子每天上学，岸英是多么地想背着书包去念书啊！有一次，大黄牙的儿子放学回家，把书包往桌上一丢，书包里的书掉在了地上，岸英拣起一本书看了起来，不料被大黄牙发现，她劈头盖脸地给了两巴掌，恶狠狠地骂道："穷瘪三，这书是你看的吗？快滚出去给我拉煤球。"岸英强忍着泪水和弟弟一起推着"老虎车"去了煤店。

有一天，岸英路过书摊看了一会儿连环画，书上有些生字不认识，急得他搔头抓耳的。卖书的老板看他憋得很可怜，就扔给他一本《学生字典》说："看到生字，一查它就认识了。"岸英赶忙拿起一看，猛地想起妈妈也有这么一本《学生字典》，她经常查不认识的生字。岸英喜欢得不得了，他看了看书的定价是八角大洋，而他口袋里只有几个铜板，于是恋恋不舍地把字典还给了老板。晚上，他心里还想着那本《学生字典》睡不着觉，岸青猜出哥哥准是心里有事了，就小声地问道："哥，你又遇上啥窝心事了？"岸英说："我看见一本书，想起妈妈来了。"岸青问："啥书？"岸英说："查找生字的《学生字典》。"岸青说："是绿色皮的，妈妈总是压在枕头底下的那个？"哥俩这一宿都在想妈妈，他们几乎没睡觉。

当老大爷知道岸英为缺钱买字典而发愁时，他流着泪说："多好的孩子啊，我少喝几顿酒，也给你们搭上几个铜板。"就这样，岸英终于把心爱的《学生字典》买到手了。他乐得把字典捂在胸前跑回烧饼铺，岸青哭着把字典贴在脸蛋儿上亲。

没有想到因为这本《学生字典》惹出了乱子。有一天，大黄牙家的儿子看见岸英拿着字典，大吵大嚷道："穷小子，你偷我的字典！"岸英火气地说："不要脸，这是我花钱买的。"

这时大黄牙家的男人跑过来大声叫道："好呀，你们反了。听你们这口气，你们准是小赤党，我要找人抓你们！"

站在旁边的老大爷听了气不过，他一脚踢破面缸，大声骂道："你们这是狗仗人势，欺人太甚，老子也不在你们这狗地方干了。"说着，拉起岸英和岸青离开了这个无赖的烧饼铺。离开时，岸英手里死死抱着这本字典。后来，这本字典一直带在他身边，它跟随岸英到了苏联，到了革命圣地延安和晋绥边区的山西临县，还到了山东渤海，河北的西柏坡，最后伴随他到了北京。这本字典成了岸英一生中形影不离的良师益友！这本蓝色布面的《学生字典》至今还保存在刘思齐（岸英的夫人）的身边。

岸英兄弟俩告别了好心的老大爷，沿着大街不停地走着。饿了，就在街上讨口饭吃。岸英和弟弟商量说："我们要找活干，有活干就有饭吃了。爸爸说过，咱们是吃百家饭长大的。"他们走街串巷，特别留神地听着和看着街上的每个人。岸英说："没准还能碰上二叔和小叔呢。"这么一说，两人立刻又兴奋起来。

　　岸英带着弟弟过了一阵街头流浪的生活。他们俩串房檐过夜，冬天把捡的破纸和草帘子盖在身上，冻得扛不住时，就去找饭铺门口的火炉。饭铺在夜里关了门，往往把门口的炉子封上火，不让熄灭，等第二天再烧。岸英和弟弟就靠在封火的炉子周围取暖。夏天，他们就睡水泥管子、地洞子。后来在大街上遇见了和他们同在幼稚园住过、从东北逃难来的小嘎几个小伙伴，小嘎又把他们带到一座破庙里。从此，岸英兄弟俩就和一群苦孩子以破庙为家，一年四季都是铺稻草、盖稻草。

　　他们来到破庙之后，很快就和苦孩子们成了好朋友。有的孩子感到活着没意义，产生厌世情绪，岸英就鼓励他们忍住苦难，勇敢地活下去。有的孩子捡破烂用的破布兜坏了，岸英就主动帮助缝补；装破烂的竹筐坏了，岸英就去找草绳捆绑。他还带领孩子们把捡来的破烂东西，在阳光下晒干，然后分类，捆成包，这样就能多卖钱。岸英每天四处找活干，有时去推黄包车，有时在马路上捡香烟屁股，剥烟丝也能卖钱。岸英一边为生计想尽各种办法，还要照顾好弟弟和保护好自己。日本特务、国民党特务一直都没有忘记寻找毛泽东的儿子，他们时常处在危险之中。岸英学会了以超人的智慧同这些豺狼作斗争的本领。

住在破庙里的孩子们，都以惊奇的眼光观察着岸英和岸青的一举一动，尽管生活很苦，但从岸英身上透露出的一股力量，无形地影响着他们，成为他们学习和做人的榜样。岸英住在破庙里，也没有忘记按照妈妈的教诲做人，就是饿着肚子，他也要把剩下的半拉馒头留给弟弟或其他弱小的伙伴吃。梅雨季节里，挣不到多少钱，食物来源也少了，岸英就想着法给岸青弄吃的，同时也尽可能地帮助着大家。

有一次，另一群流浪孩子要来争夺破庙，这里的孩子有的主张准备刀子、棍棒与他们火拼一场。岸英知道后劝说道："为什么要打架呢？打架是要受伤、死人的。我们都是穷人家的孩子，都是为了活着，活着又是为了啥呢？"有的孩子说，是为了找爸爸妈妈；有的孩子说，是为了长大能干活，吃饱饭，住暖房子。岸英又说道："要是打架受了伤，被打死了，那不所有的希望都没有了吗？"孩子们问："杨永福，你说该怎么办？"岸英镇静地说："依我说咱们不与他们发生直接的冲突，先都搬出破庙。"有人说他是小汉奸。岸英又说："汉奸是卖国贼，我不是出卖咱们的破庙，而是为了保住这庙。你们想想，咱们搬出去后，架就打不起来，我再来说服他们。他们又不是日本鬼子的狗，都是无家可归的穷人，等长大了，都是应该去打日本鬼子的。"经岸英这么一讲，准备打架的孩子无话可说了，来打架的孩子后来也被他说服了，避免了一场械斗。

在流浪的生活中，岸英一直关注着红军的消息，他知道爸爸、二叔和小叔都在红军队伍里，如果红军把日本鬼子打败了，上海的日本鬼子也就会滚蛋。而这些消息往往是从报童那里最先传出来。忽然，他觉得卖报纸的差事不错，既能赚钱，又能知道很多消息。可做报童首先得有人作保。他想来想去，只好去找在烧饼店里结识的老大爷为他担保。岸英找到老大爷说出了他的想法，老大爷不仅热情地为他担保，还给他资金援助。

开头岸英不明白卖报也有很多的说道，人多的地方，比如戏院、码头、火车站、电影院，买报的人多，可那里都有"报霸"，到那里去卖报，你得给报霸打进贡，不然报霸招呼一群小瘪三，就把你的报纸抢光。岸英第一次去火车站卖报，就吃了报霸的亏，报霸不仅撕碎了他的报纸，还对他拳打脚踢。

很快，岸英就弄明白了卖报的规律。拿到刚出版的报纸后，就要快跑，边跑边喊报上的主要消息，但只能喊出一半儿，要是全喊出去，让人全听明白了就没有人买了。岸英每次拿到报纸，快速浏览，边看边喊，他总能迅速准确地找到报上的重要消息。

1935 年 4 月末的一天，岸英带着岸青去批发报纸，忽听报纸批发商大声喊叫："今天报纸贱卖！毛泽东胞弟毛泽覃已毙！"岸英听后心里一惊，连忙拉着岸青转身就跑开了。他们来到另一处报摊买了一张报纸，醒目的标题像针一样刺入他们的眼眶。"军息：伪中央区所属之伪师师长毛泽覃，前因我军积极搜剿，乃率领残部，藏匿瑞金东之黄鳝口东北大山中，本月 26 日经我毛炳文部 24 师汤团在该处捕搜，该匪顽抗拒捕，遂为我击毙……"

岸英和岸青一口气跑到黄浦江边，两人双手抱头半晌无语，泪水顺着指缝直往下淌，随后撕心裂肺地大哭起来。

回到破庙后，岸青一连几天嘴里不停地叨咕着："妈妈，爸爸，小叔，弟弟……"夜里睡觉时把牙咬得嘎巴响。岸英的心情虽然很沉重，但为了活下去，仍然坚持每天出外干活挣钱糊口。

有一天，岸英卖完报纸，走到离破庙不远时，突然看见有人吓得猛跑，说是法国警察"三道头"快把一个中国孩子给打死了！岸英跑过去一看，被打的人竟是弟弟岸青。他飞身扑了过去，一把护在岸青身边，急忙大声喊道："外国佬打死人喽！外国佬打死中国小孩喽……"

原来，这天岸青从破庙里出来，正好碰上法租界巡警抓着一个被打得浑身是血的中国人，岸青见状，顿时蹿上一股火气来，他从衣袋里摸出半截学习时用的粉笔，顺手就在电线杆上写着"打倒帝国主义"！还没等他回过身来，就被大皮靴重重地踢倒在地，接着一脚又一脚狠狠地踢在他身上和头上。等岸英上前制止时，那个法国佬还不肯停手，越打越来劲儿。下班经过这里的工人纷纷围上来，大声喊道："凭什么打中国人？"那个法国佬指着电线杆上的"打倒帝国主义"说："这是他写的。"工人们气愤地问道："难道你们不是帝国主义？"大家这么一问，吓得那法国佬转身跑开了。

这时岸青已被打得鼻青脸肿，鼻孔、嘴角都流着血，不省人事。一位拉黄包车的走过来说："快把他抱上车送医院吧。"岸英摸了摸衣袋，对车夫说："大叔，我手里的钱只够买两个烧饼的。"

"唉，这年头穷人哪有活路啊！"车夫叹息着摇了摇头，用车把岸青送到了破庙前，又摸出几个铜板塞到岸英手里后，含泪转身蹬着车子走开了。

岸英和流浪的孩子们七手八脚地把岸青抬进了破庙里，有的帮着往他身下垫稻草，有的端来水往嘴里喂。岸英不停地叫着："好弟弟，你醒醒啊！你快说话呀！"大伙忙乎了半天，岸青才慢慢苏醒过来，什么话也不说，不停地流着泪水。

经历了这样一场灾难，岸青病倒了，脑部受到严重震荡，脑袋像灌了铅一样昏昏沉沉的，耳朵的听力也受到了伤害。从此他很少说话了，整天在纸上写"妈妈，爸爸，红军……"

02 在苏联的日子里

7. 辗转周折去苏联

自从毛岸英兄弟俩离开了黄慧光的家后，董健吾再也没有与他们联系上，也不知道岸英和岸青的去向。1936 年年初，随着上海局势的变化，董健吾又恢复了他牧师的职务，重新穿上了带有几分庄严的黑色牧师长袍子。

有一天，他对夫人说："这两年上海兵荒马乱，地下党组织屡遭破坏，我们没能照顾好永福和永寿两个孩子，这是我们的失职啊！我想他们应该还在上海，我们一定得设法尽快找到他们呀！"

董健吾通过各种渠道多方打听，有人向他提供线索说岸英兄弟俩有可能在当报童。于是，他化装成卖报纸的老人，在上海批发报纸的地方细心观察，终于有一天发现了岸英的身影，他并没有立刻接近他，只是在暗中留意。

此时的岸英已有 13 岁多了，虽身体瘦弱，但个头长了不少，两眼烁亮，走路蛮有精神。董健吾不由得打心眼里佩服起来。在上海残酷的岁月里，他带着弟弟同国民党和日本特务周旋，顽强地生存了下来。董健吾一直尾随着岸英，直到来到他栖身的破庙。

正在这时，在周恩来的关心下，上海地下党组织也在多方寻找毛岸英兄弟的下落，他们顺藤摸瓜找到当年曾帮助过毛岸英兄弟的董健吾。董健吾说能找到毛岸英兄弟，于是共同研究了下一步的寻找计划和安排。

一天，董健吾身穿黑色牧师长袍，很阔气地坐上黄包车来到破庙。牧师的到来把穷孩子们吓了一大跳，愣怔了一会，才鼓起巴掌来，都以为是牧师来给他们送什么节日礼物的。董健吾这次没有带礼物，而是给每个孩子 3 个铜板。此时，毛岸英已认出了董健吾，心里一阵酸楚。岸英接过铜板时，还有一张字条："你是杨永福？"岸英看后向他点了点头。董健吾小声对他说道："杨杰有信捎给你，到古玩店见面。"他们就这么沟通了一下，董健吾和孩子们打过招呼后，转身上车走了。

这一夜，岸英和岸青都没有睡好觉。岸青问岸英："董牧师这么多年与我们没有联系，他还可靠吗？"岸英说："这一阵子上海这么乱腾，董健吾能找着咱们的下落，而没有去告密，说明他还有良心。他来告诉二叔捎信来了，说明地下党组织对董健吾还信任。"

第二天，岸英还是去了古玩店。董健吾见到岸英便说："这两年，让你们兄弟俩受委屈了，我有责任，现在我接你们回家来住，也方便组织上作下一步的安排。"岸英听到这里，双手捂着脸真想大哭一场，可他忍住了，然后镇静地说："还是等见到二叔的信之后再定。"董健吾理解岸英的心情，于是约好了下次见面的时间。

几天后，毛岸英在古玩店里见到了地下党组织的同志，他们把从陕北带来的信交给了岸英。岸英见到二叔的信，泪水止不住地直往下流，他太想念爸爸和二叔了，心中有太多的委屈想对他们诉说！当岸英看到信的落款"杨杰"二字，而且"杰"字的下边又多点了一个点时，不由得想起二叔曾跟他说过的话："干地下党工作，就得多个心眼儿。"

岸英和岸青听从地下党内同志的安排，住进了董健吾的家，结束了流浪儿的生活。不久，董健吾又从陕北瓦窑堡回到上海，在得到东北军张学良的经济援助后，根据党组织的指示，立即着手办理岸英兄弟俩去苏联学习的事情。

原来，苏联方面同意接收一批中国工农红军将领和革命烈士的子女去读书。此时，正好东北抗日自卫军总司令李杜将军，要途经法国去苏联集结散落在那里的士兵，重新组建东北抗日部队。董健吾就将此事委托给了李杜将军。李将军感到压力很大，十分谨慎。一个多月后，他就办好了自己和岸英、岸青的护照。

1936 年 6 月 27 日清晨，晨雾刚刚从黄浦江退去，一轮红日冉冉升起，空气清新、和风轻拂，上海人最喜欢这样的天气。一辆黑色的福特牌小汽车，从市区驶向外滩。岸英坐在汽车里，沿途看见了他曾经卖报纸、拾香烟屁股的马路，再看看车内的气派，简直不敢相信眼前所发生的一切。

不一会，车子开到了十六铺码头。这地方岸英太熟悉了，5年前的春天，他们三兄弟和外婆舅妈就是从这儿上的岸。他们来到上海，没过多长时间的好日子，几年的流浪生活尝尽了人间的辛酸苦辣。小弟弟不知下落，岸青因遭到毒打落下一身的病。现在，这苦日子是否就要结束了呢？

汽车停在离码头不远的地方，李杜将军带着他们下了车，来到入关大厅，办好验关手续后，快速地登上了一艘豪华、漂亮的法国"康脱罗梭号"大邮船，奶油色的船身显得很高贵，黑色烟囱上缀着红色的波纹，桅杆上挂着的万国旗在微风中飘扬，船尾挂着一面法国国旗。

他们进入预订的二等船舱，李将军关紧船舱门，不让他们出去。好奇心的驱使，岸英把脸贴着舱窗玻璃，注视着十六铺码头和岸上的人流、高楼。这一切多么熟悉，而又多么令人心酸。

不知等了多久，突然传来"嗡——嗡——

嗡——"的汽笛声，邮船开始振动起来。

邮船离开了码头，在黄浦江上缓缓移动。岸英望着翻滚的江水和沿江两岸的风光，心里默默地喊道："再见啦！中国！我的母亲！"

"康脱罗梭号"在海上航行了一个多月，终于在7月底到达法国南部的繁华港口城市马赛港。他们下船后，就马不停蹄地赶往火车站，乘快车直奔法国首都——巴黎。

到了巴黎，原以为去苏联很简单，把护照递上去，办个手续，签个证就行了。可哪知事情办得很不顺利，李将军只好在中国驻法国大使馆、苏联驻法国大使馆之间来回地跑，同时还要谨慎行事，生怕出点纰漏。如果驻法国国民党政府人员发现永福和永寿就是毛泽东的儿子，肯定会阻拦。所以，李杜再三叮嘱："你们别忘了，一个叫永福，一个叫永寿！"

"记得，我永福，他永寿！"岸英举起小拳头向李杜保证。

一天，李杜又去苏联驻法国大使馆，使馆工作人员要他过几天再来。几天后，李杜再去，工作人员又说莫斯科还无回音，要再等。就这样无数次地催问，一等就是半年。

在等待的日子里，李杜将军带着他们走遍了法国巴黎的名胜。岸英也抓紧机会自学了法语，他模仿能力和适应能力强，很快学会了简单的对话。

那时，苏联正处在大清洗的前夜，对国内控制很严，对外国侨民到苏联去也是非常谨慎，审了又审。李杜只好找到中共在法国办的《救国时报》编辑部，请他们设法通知中共驻莫斯科共产国际代表团，说毛泽东的孩子已到巴黎，请苏联早发入境签证。

终于有一天，苏联大使馆通知他们：同意杨永福、杨永寿去苏联。听到这消息，岸英激动得抱着李杜将军打转转，岸青也乐得抱着哥哥不放。

1936 年 12 月下旬的一天，按照约定好的时间，李杜陪同岸英、岸青来到苏联驻法国大使馆，他们在这里见到了中共驻莫斯科共产国际代表康生。康生对李杜将军说："这两个孩子你就放心地交给我吧！"临别前，李将军搂抱着岸英兄弟，意味深长地说："有志不在年高，无志空长百岁。到了那边要好好学习，将来打败了日本帝国主义，回国有用武之地啊！"

岸英、岸青也抱着李杜将军泣不成声，依依不舍……李杜将军直到把他们送上火车，这才彻底地松了一口气。

8. 莫斯科遇贺妈妈

岸英和岸青跟随康生乘坐国际列车离开了巴黎，途经德国的法兰克福、柏林，波兰的华沙，走了好几天，几乎横跨了整个欧洲大陆，最后到达莫斯科。他们先是在共产国际中国代表团宿舍住了些日子，并开始学习俄语，随后来到莫斯科市郊的莫尼诺第二国际儿童院。

这里到处是一片银装素裹的白色世界，仿佛一下子掉进了冰窟窿似的冷。岸英打着哆嗦神秘兮兮地对岸青说："这里靠近北极啦，听说耳朵鼻子都要冻住的，千万别乱摸，要是不小心，一摸耳朵，耳朵就会掉下来的！"可是，他自己忍不住真的试着摸了一下鼻子、耳朵，只感觉鼻子、耳朵冻得木木的，它们都没掉，仍然好好地长在脸上，岸青望着哥哥的举动笑了起来。

他们在国际儿童院受到了师生们的热烈欢迎，当老师向同学们作介绍时，孩子们向他俩热情地鼓掌。他们同样都是革命的后代，许多孩子的父母已在中国革命战争中牺牲了。

儿童院里有3位教中文和中国历史的中国教师，还有几位负责教俄语、数学和革命理论的苏联教师。岸英学习非常刻苦，他对岸青说："别人都是先来的，学了很多东西，我们得努力才能赶上他们呀。"

岸英的岁数在孩子们当中稍大一点，他特别怕别人说他落后，就积极参加舞蹈组、话剧组、诗歌朗诵会等。有孩子说他腿长得长，他又去参加了足球队。但岸英最突出的特长是写作文和演讲，不久他就被选入墙报组担任编辑。由于他在上海那段特殊的生活经历，孩子们都喜欢他开朗的性格，大家都称他"永福大哥"。

岸英到苏联不久，也给自己起了个好听的俄语名字，叫谢廖沙。1938 年 1 月 21 日，在纪念列宁逝世 14 周年那天，毛岸英当选为国际儿童院中国少年先锋队的大队长。

岸英对老师讲的历史人物和故事特别着迷，而且能把听过的故事，有头有尾地结合起来，然后生动地讲给别人听。他讲起故事来声情并茂，讲到精彩处时声泪俱下，很有感染力。为了讲好红军长征的故事，岸英多次去莫斯科疗养所，找在那里休养的红军将士采访，然后整理成故事讲给孩子们听。由于岸英的演讲在当地小有名气，每逢节假日，苏联儿童园里也请他去讲故事和发表演说。

1938 年年初的一天，岸英刚从院外参加活动回来，院长向他喊道："谢廖沙，有人找你。"随即又向来人介绍说："这就是哥哥毛岸英，他在这里使用的名字叫杨永福，是个好学上进的好学生；弟弟杨永寿，也就是毛岸青，他学音乐去了。"

岸英立刻补充说："我弟弟也是个好学生。"

院长转向岸英介绍说："岸英，她是你们的贺子珍妈妈，刚从中国来，在莫斯科东方大学学习。"

岸英凝视着贺子珍，当知道是父亲的夫人后，一时不知说什么是好。因为在他心里一直只有杨开慧妈妈。他自从离开板仓，妈妈杨开慧总是浮现在脑海里，从来没有忘记过。眼前突然出现这位说是自己妈妈的人，该怎样接纳这位妈妈呢？他怔在那里迈不动双腿。

　　贺子珍赶紧上前伸手去拉岸英，满脸笑容亲切地说："你爸爸可想念你哪，弟弟岸青好吗？"

　　岸英心头一阵发热，眼睛也有些湿润了，因为她提到了爸爸。岸英不由自主地抬起头看了看贺子珍，说："请到我的宿舍去坐坐吧。"

　　贺子珍懂得孩子此时的心情，于是主动拉起岸英的手，亲切地说："我到了莫斯科，打听你们在这里，转身就来看你们。我看这里环境挺好，生活和学习也都很好吧？"

　　岸英自从妈妈牺牲后，尝尽了流浪孤儿的苦头，哪个孩子不愿享受母爱呢？他是多么地想念妈妈呀！当贺子珍拉着他的手时，突然感到一种久违的温暖，但他还是控制着情感，觉得这母爱来得太突然，她毕竟不是板仓的开慧妈妈呀！

岸英边领着贺子珍往宿舍里走，边问道："我爸爸身体好吧？他一定是很忙很忙的吧？"

贺子珍虽没听到孩子叫她一声妈妈，但心里已感到相当的满足，她知道岸英是个受过很多苦的孩子，看得出他既懂事理，又重感情，于是深情地回答说："你爸爸身体很好，工作是很忙，他也非常惦记和想念你们兄弟俩呀！"

岸英打开宿舍门，本想退后一步让贺子珍先进屋，可是她拉着岸英的手不放开，他们只好同时进了屋。

岸英觉得屋子里很乱，想动手收拾一下，又不好意思地说："有点太脏了。"

贺子珍扑哧一笑说："可以呀，男孩子的宿舍就是这个模样的。"她看出岸英要打扫的那张床准是弟弟的，于是坐在床上用手摸着被褥说："太阳充足时，要经常晒晒被褥。"

就在这时，岸青回来了。人还没进门便问道："哥，又是哪位贵宾来了？"岸青脖子上挂着吉他闯进屋来，正好看见贺子珍坐在他床边摸他的被子。

贺子珍笑着说:"岸青你还会这么一手呀?"便站起身来拉住岸青的手,又看了看他脖子上的吉他。

岸英介绍说:"岸青,这是贺妈妈。"

岸青忙施礼说:"贺妈妈,你好!"岸青以为是哪位老红军的夫人,又看望他们来了呢。

贺妈妈把哥俩没有洗的脏衣服、脏袜子,都给洗干净了。她不住地揩汗水,心里感到很满足,两个孩子到底管她叫贺妈妈了。她看活都干完了,才想起家里小宝宝还请别人看着呢,于是说:"岸英、岸青,我住的那里还有个小宝宝,是你们的弟弟,我把地址留给你们,要经常去呀。"

岸英和岸青送走了贺妈妈,岸青才往床上一滚问道:"哥,这位贺妈妈是哪位红军干部的夫人?"

岸英说:"夫人?是毛泽东的夫人。"

两个人谁也不吱声了,但是两个人谁也没有感到意外,只是感到他们的继母很和蔼。贺妈妈说家里还有个宝宝,他们心里又高兴了起来。

从此以后,贺妈妈就隔三岔五地到岸英他们

这里来，每次都带点吃的东西，帮忙拆洗被子、洗衣服，把母亲该做的活都做了。但是哥俩仍然叫她贺妈妈，她也在努力地接近孩子的内心世界。

岸英和岸青知道贺妈妈学俄语学得很吃力，就主动去帮助贺妈妈。他们来到贺妈妈的住处，那里虽然叫东方大学，但条件很差，每次贺子珍就尽其所有热情地款待兄弟俩。

一次，岸英到莫斯科红军长征干部休养所去采访，一位经过长征的阿姨说："岸英，你怎么舍近求远，不去采访你贺子珍妈妈呢？她可是个传奇人物，是一位很了不起的红军女战士。她作战十分勇敢，在红军长征途中，敌人飞机不停地轰炸，她临危不惧，组织部队强行渡河，连连击退敌人的追兵。在掩护部队转移时，再次遭遇数架敌机的俯冲扫射和轰炸，她为了掩护负伤的师政委，用身子遮挡敌人的炸弹，自己身负重伤。你父亲知道后赶来看望她时，她坚强地说：'润之，你把我送到老乡家吧，你们赶快走！'你父亲看她伤得太重，流着泪说：'子珍，我要把你带走！'就这样，你父亲把浑身上下有 17 块弹片的她带走了。她顽强地活了下来，至今弹片还在身上呢！"

岸英感到有些吃惊，没有想到贺妈妈是这样一位英勇顽强的妈妈，原来她和杨开慧妈妈一样光彩照人啊！当他含着眼泪再次来到贺妈妈的住处时，肃然起敬地说道："贺妈妈，你是红军女英雄！"

贺妈妈明白了岸英的意思，淡淡地说道："岸英，当年红军第五次反'围剿'失败后，只有被迫撤离苏区，开始长征，中央批准随队出发的有30位红军女战士，哪一位都不是软骨头，都是出生入死的好样的！"

"贺妈妈，你身上的弹片为啥不全取出来呢？"

贺妈妈笑着说："苏联医生说有的弹片挨着血管取不出来。那就让它和我一起进棺材吧。"

时隔不久，岸英和岸青又去看贺妈妈和小弟弟。他们来到东方大学宿舍，敲了半天门，屋里没有人回答，推开门一看，只见贺妈妈躺在床上，处于昏迷状态，他们连声呼喊："贺妈妈，贺妈妈！您是怎么啦？您醒醒啊！"。

贺妈妈慢慢清醒过来，看是岸英哥俩来了，

一下子就哭了起来："我的儿子没了……"

原来，她为了学习，把孩子送到婴儿室请人看管，10 个月大小的婴儿适应不了寒冷的气候，由感冒烧成了肺炎，加之治疗不及时，就离开了人世。他们到来时，贺妈妈刚万分悲痛地从郊外公墓回来。

哥俩扑向贺妈妈，大声叫道："妈妈，妈妈！"贺子珍抱着岸英、岸青哭了起来。

岸英含着眼泪说："妈妈！我和岸青都是你的儿子呀！"

半晌，贺妈妈强忍住悲痛说："是我大意了，天气冷，屋子冻，是我没有照顾好，事情发生了，也没法挽救了！现在，我心里惦念着你们，要注意身体呀。"说完又大哭了一场。如果此刻感到心里有几分安慰，那就是眼前这两个孩子，终于叫她妈妈了。

打从小弟弟没了之后，岸英和岸青与贺妈妈更加亲近了。他们见贺妈妈学习的劲头差了许多，精神头也振作不起来，知道她太孤单。于是和贺妈妈商量，给延安发了电报，请人把贺妈妈的女儿毛娇娇送到苏联来，这样会给失去儿子的贺妈妈带来很大的安慰。

9. 来自延安的深切关怀

岸英兄弟俩来到苏联一年多的时间，变化很大、进步很快，尤其是岸英当上了少年先锋队大队长之后，不仅学习好，各方面的工作也积极主动，深受大家的称赞。自见到贺妈妈后，他更加思念远方的爸爸。一天，国际儿童院摄影组的同学为同学们拍了许多照片，岸英挑选了几张托人回国时带给在延安的父亲。

毛泽东看到照片喜出望外，他拿着岸英和岸青的合影，看了又看，泪水模糊了视线。他们自从在长沙分别后就很少联系，那时岸英才 8 岁，现在已经 16 岁了，俨然是个大小伙子。毛泽东抹了抹眼泪，按捺不住地挥笔写了一封信：

亲爱的岸英、岸青：

时常想念你们，知道你们情形尚好，有进步，并接到了你们的照片，十分地喜欢。现因有便，托致此信，也希望你们写信给我，我是盼望你们来信啊！我的情形还好。以后有机会再写信给你们。祝你们健康，快乐，进步！

毛泽东

三月四日（一九三八年）

毛泽东把岸英兄弟的照片放在枕头边，临睡前还要拿出来看看。有儿子的身影在枕边，他睡得踏实多了。

时隔一个月，毛泽东又托人捎信，并随信带了自己的照片。信的一开头就询问："早一月给你们的信收到没有？收到了，写点回信给我……"

岸英收到父亲的来信，兴奋不已，夜里怎么也睡不着，于是提笔一口气写了十几页的长信。他在信中叙述了离开父亲后，跟妈妈一起坐牢，在上海流浪以及到苏联学习的简要过程，倾诉了怀念母亲、思念父亲的无限深情。

在父亲的鼓励下，岸英的学习更加刻苦，工作更加勤奋。1939 年 1 月，岸英光荣地加入了共青团，随后，又作为第二国际儿童院少先队的代表，出席了苏联少年先锋队代表大会，他在会上介绍了中国革命斗争的情况，受到与会代表的好评。

不久，岸英又收到父亲托人捎来的信和大批书籍，让他欣喜不已。

岸英、岸青二儿：

你们上次的信收到了，十分欢喜！

你们近来好否？有进步否？

我还好，也看了一点书，但不多，心里觉得很不满足，不如你们是专门学习的时候。

为你们及所有小同志，托林伯渠老同志买了一批书，寄给你们，不知收到否？来信告我。

下次再写。

祝你们发展、向上、愉快！

毛泽东

一九三九年八月二十六日

父亲要求他多读书，这正合岸英的心愿，他早已嗜书成癖。在儿童院里，孩子们每天都要睡午觉，岸英却很少睡，每到午睡时，他都躺在床上看书。岸英看书有个特点，喜欢在书上画杠杠、圈圈、点点，有的地方还写上几句话，用他的话说，这叫"不动笔墨不看书"。

　　岸英是图书馆里的常客。一个周末，岸英又是第一个来到国际儿童院图书馆。他想今天没有其他活动，可以好好地读一读联共（布）党史了。他拿着一本厚厚的俄文版联共（布）党史，躲在最里边找了个安静的地方坐下来，一边看一边做笔记，一整天没出屋，直到图书管理员要下班了，才发现了他。

　　"谢廖沙，明天再来看吧。"管理员轻声说道。

　　这时岸英才发现整个图书馆就剩他一人了，连忙起身说："啊！对不起，老师，耽误你下班了，不过今天看得真过瘾啊！"

　　"好啊，谢廖沙，你读书真是废寝忘食啊！"说着，他们都笑了起来。

　　1940年元旦，周恩来利用在苏联莫斯科医治

臂伤的机会，同邓颖超一起去国际儿童院看望在那里学习的 80 多个中国革命家的后代，这里的许多孩子都是在周恩来的关怀下送来的。

孩子们为迎接周伯伯和邓妈妈的到来早早地做好了准备，真正见面时，免不了还是有些激动和紧张。周恩来和邓颖超走进小礼堂来到孩子们中间，大家热烈地鼓掌。当老师介绍到岸英时，说："这就是毛岸英，俄文名字谢廖沙，是少先队的大队长，共青团支部书记。"

岸英大声叫道："邓妈妈，周伯伯好！"随即敬了个军礼，又连忙摘下帽子鞠了个躬，逗得孩子们笑了起来。

周伯伯笑着说："礼多人不怪嘛！听说你学习都很好，工作也很有成绩，不简单呀！"

周恩来向孩子们介绍了国内抗日战争的形势后，指着墙壁上挂的毛泽东、朱德的画像说："毛伯伯、朱伯伯时刻关心着你们这些革命的后代，你们一定要团结友爱，刻苦学习，除了学习一般的苏联功课外，还要学习中国的历史、地理，了解中国抗战的形势。总之，你们不要忘记自己的祖国，不要忘记我们的党，不要忘记党的领袖毛泽东和朱德同志寄托在你们身上的希望！"

孩子们围着周伯伯和邓妈妈汇报了他们在莫斯科国际儿童院的学习和生活情况，有的还谈了自己今后的理想，周恩来听得连连点头，不时给予鼓励和表扬。毛岸英为了向周伯伯作好汇报，几天前就忙着准备发言提纲，周恩来听后很感兴趣，鼓励他把中国儿童在苏联的生活、学习情况全都写下来，等他回国时带回去，好让国内的人们更多地了解这里的情况。岸英听后受到极大的鼓舞并愉快地答应了。

周恩来和邓颖超观看了儿童们表演的节目，邓妈妈还给大家演唱了《太行山上》《游击队之歌》。离开前欢快地和大家一起合影，然后又分别与岸英、岸青兄弟以及其他小朋友一起照了相。

临走时，周伯伯拉着岸英的手说："岸英、岸青，你们要多去看望贺子珍妈妈，她是咱们共产党的女英雄啊！"

岸英连连点头，说："周伯伯，我们经常去看贺妈妈，我们很希望能把娇娇妹妹送到贺妈妈这里来。"

周伯伯说："岸英真是个懂事的好孩子。"

送走了周伯伯和邓妈妈，岸英心里一直很不平静，脑海里还在回响着周伯伯的话。于是，他坐下来按照周伯伯的要求，一口气写下了3500多字的《中国儿童在苏联》。文章以书信的形式把中国少年儿童在苏联的生活、学习情况，少年儿童对中国革命、抗日战争的关注，以及苏联人民对中国少年儿童的关心和同情真挚地表达了出来。

1940年4月12日，中共中央机关报《新中华报》全文进行了刊登。毛岸英的这封信发表后，在边区引起很大反响，人们争相阅读。毛泽东看了后，对岸英的组织能力与表达能力，以及有分寸的遣词用句感到很满意，同时也为岸英的成长进步感到欣慰。

1940年9月，岸英他们所在的第二国际儿童院要和第一国际儿童院合并，搬到莫斯科州以外的伊万诺沃市去，那里接近西伯利亚，要坐很长一段时间的火车。搬迁工作十分繁重，老师决定在各国孩子中间推选一个负责人，大家一致推举岸英当指挥员，他也非常愿意担当这个职务。在他的组织指挥下，搬迁工作有条不紊，受到老师的表扬。

来到伊万诺沃市不久，岸英、岸青就接到了爸爸来的一封长信：

岸英、岸青二儿：

很早以前，接到岸英的长信，岸青的信，岸英寄来的照片本，单张相片，并且是几次的信与照片，我都未复，很对你们不起，知你们悬念。

你们长进了，很欢喜的。岸英文理通顺，字也写得不坏，有进取的志气，是很好的。惟有一事向你们建议，趁着年纪尚轻，多向自然科学学习，少谈些政治。政治是要谈的，但目前以潜心多习自然科学为宜，社会科学辅之。将来可倒置过来，以社会科学为主，自然科学为辅。总之注意科学，只有科学是真学问，将来用处无穷。人家恭维你抬举你，这有一样好处，就是鼓励你上进；但有一样坏处，就是易长自满之气，得意忘形，有不知脚踏实地、实事求是的危险。你们有你们的前程，或好或坏，决定于你们自己及你们的直接环境，我不想来干涉你们，我的意见，只当作建议，由你们自己考虑决定。总之我欢喜你们，望你们更好。

岸英要我写诗，我一点诗兴也没有，因此写不出。关于寄书，前年我托西安林伯渠老同志寄了一大堆给你们少年集团，听说没有收到，真是可惜。现再酌检一点寄上，大批的待后。

我的身体今年差些，自己不满意自己；读书也少，因为颇忙。你们情形如何？甚以为念。

毛泽东

一九四一年一月三十一日

毛岸英收到父亲的信和寄来的书后，高兴地对小朋友们说："我爸爸又来信了，还寄来一大批书呢。"他按照父亲的嘱咐，把这些书分给儿童院的小朋友们阅读。毛泽东选定的这些书，充分考虑到了青少年的读书口味，既有知识性，又有趣味性；既有哲学、经济、历史方面的书，还有古典小说、武侠传记等，很受小朋友们的喜爱，极大地丰富了身处异国他乡的孩子们的学习生活。

就在这时，苏联人民面对德国希特勒横扫欧

洲的军事行动，采取了积极的防备措施，他们动员各方力量在漫长的边界线上严密布防。

为了支援前线搭建堑壕所需的木材，国际儿童院的师生们也加入备战的行列，他们到伊万诺沃市城外几十公里的山上伐树送往前线。岸英是中国孩子伐木队的负责人，他按照年龄大小组织分工，砍的砍，抬的抬，超额完成了所分配的任务。总结大会上，岸英被评为"优秀共青团员"。

10. 参加苏联红军

自 1941 年 6 月 22 日，德国法西斯向苏联发动大规模突然袭击，苏德战争爆发后，岸英就十分关心战争的进展情况。他每天都要从广播里收听关于战争的消息，然后在一张大地图上做着红蓝标记。

随着苏联卫国战争的不断发展，苏军前线亟须补充兵员。国际儿童院的孩子们知道后，积极要求报名参战。但苏共中央暂不同意他们上前线。

一天，岸英从报纸上看到德国纳粹的飞机在苏联的城镇和乡村狂轰滥炸，无数苏联人民惨遭不幸的消息后，心情十分沉重，他不由得想起了同样遭到日本侵略者蹂躏的中国人民，顿时义愤填膺，再也抑制不住对敌人的仇恨，决心要求上前线。于是，他用流利的俄文向苏联最高统帅部写了一封要求上前线的信。

最高统帅部敬爱的斯大林同志：

我是一名普通的中国青年，我在您领导下的苏联学习了五年，我爱苏联就像爱中国一样。我不能看着德国法西斯的铁蹄蹂躏您的国土，我要替千千万万被杀害的苏联人民报仇。我坚决要求上战场，请您一定批准我的请求！

致

革命敬礼！

谢廖沙（毛泽东的儿子毛岸英）

一九四二年五月于伊万诺沃市

岸英把信封好后，立即投到了邮局，他耐心地等待着斯大林的批准和回信。等了半个多月也没有音讯，于是他又写了第二封、第三封，每天都在焦急地盼望着斯大林的回音。

恰在这时，苏共驻共产国际代表曼努意尔斯基将军来到伊万诺沃视察。岸英和弟弟刚来苏联时，曾在莫斯科共产国际中国代表团宿舍住过一段时间，与曼努意尔斯基将军有一面之缘。岸英觉得这是一个机会。于是，他直接找到将军住的地方，对执勤的警卫说是中国代表团的，警卫都知道将军有许多中国朋友，就放他进去了。

岸英大声报告："将军同志，谢廖沙求见。"他两脚一并，举起右手敬个军礼，身体笔直地站在门口。

将军正在看文件，听到声音便站起身，仔细打量着这个精神饱满的英俊小伙子，但一时又想不起对方是谁，只好抱歉地说："唔，是个棒小伙子，可是，我怎么不记得你的名字啦？"

岸英回答说："曼努意尔斯基将军，我是 5 年前，在共产国际中国代表团的住地见过您，不过那时我才 15 岁，还是个小孩子，现在长大啦。"

曼努意尔斯基用指头轻轻敲了几下脑门，耸耸肩，还是记不起来。

岸英实在憋不住了，只好红着脸说："曼努意尔斯基将军，我叫谢廖沙，我，我——干脆告诉你吧，我是毛泽东的儿子，我叫毛岸英。"

"哦，好呀，好呀，毛泽东的儿子，你有什么事要找我呀？"将军拍了拍岸英的肩膀，要他坐在沙发上说。

岸英没有直接提出要求参军的事，而是虚心诚恳地请教说："曼努意尔斯基将军，我有一个问题想请教您，在当前形势下，我们年轻人应该怎样才能为反法西斯战争作出自己的贡献？"

将军看了看这位有志青年，站起来在屋里踱着步说道："当前，我们进行的反法西斯战争，是正义与邪恶的较量。你们年轻人，一要行动起来，号召全世界人民团结一致抗击共同的敌人；二要关心战争，做好随时上战场的准备；三要学好文化基础课，为将来建设国家贡献力量。"将军停了停又接着说道："你的爸爸毛泽东同志，特别会打仗，尤其是游击战争，打得很好，他领导中国的八路军、新四军，给日本侵略者以沉重的打击，是全世界反法西斯力量中伟大的一股啊！"

岸英趁机说道："苏联人民在这场反法西斯战争中发挥了重要的作用，也付出了惨重的代价！不但青壮年男子上了战场，就是青年妇女也都开赴了前线。报告将军，我已经20岁了，在苏联生活了5年，我要参加苏联红军上前线去。"

将军感到很惊奇，他这才明白谢廖沙找他的真正意图，然后笑着说道："中国的谢廖沙，你没有加入苏联国籍，上战场还轮不到你呢！"

"不！将军同志，反法西斯人人有份，我是中国革命者的后代，我有责任履行无产阶级国际主义的义务！"

将军见岸英的态度非常坚决，也十分诚恳，就问道："你想进军事学校吗？这个倒很容易，我是苏军政治部副主任，我可以帮忙说一句话就行。"

岸英喜出望外地大声回答："将军同志，我非常愿意去军事学校。"

"好，谢廖沙，你等着吧！"

没隔多久，毛岸英就如愿以偿地进入了伊万诺沃市附近的苏雅士官学校快速班学习。这所学校是初级军官学校，专门培养连队士官，学生没有军衔。岸英入校后，立即投入到紧张的军事课目学习和军事训练之中。由于他学习刻苦，肯钻研，军事课程会考一等。学习期间，他还连续发表了几篇政治论文，受到大家的广泛关注，尤其是《作战中基层的政治工作》一文受到苏联红军总政治部的通报表扬。

1943年1月，岸英又进入莫斯科列宁军政学校学习，他对苏联红军的政治工作越来越感兴趣，毕业后想当政治军官，但政治军官必须是联共（布）党员。

联共（布）党章规定，加入联共（布），必须要有联共（布）党员作介绍。学校里没有全面了解岸英的人，于是，他写信给儿童院的韩铁声老师（俄文名：伊万格诺维奇，联共党员），想请他作为自己的入党介绍人。韩老师收到信，了解到岸英的理想和抱负很是高兴，但又诚恳地提醒说："谢廖沙，你没有加入苏联国籍，学校的党组织能吸收你入党吗？我看你还是先同曼努意尔斯基将军通个信，如他同意，我乐意当你的入党介绍人。"

当韩铁声老师得知曼努意尔斯基将军默许了岸英的这一请求之后，立即向学校党组织写信，为岸英作入党推荐鉴定，他写道：

"毛岸英同志政治觉悟高，学习好，劳动好，革命精神饱满，树立了为共产主义奋斗终身的志向，可以入党。"

这年，毛岸英21岁，不久，就被批准加入了联共（布）党，成为一名光荣的预备党员。

毛岸英在列宁军政学校结业后，又转入伏龙芝军事学院深造，这是苏联红军培养高级参谋人员的最高学府。他在这里和学员们一起还接受过苏联最高统帅斯大林的检阅。

此时，苏联军队在斯大林的指挥下，取得了斯大林格勒大会战的全面胜利，歼灭德国侵略军30万余人。这次胜利，成为第二次世界大战的转折点。

1944年1月，苏联红军开始全面大反攻，红军胜利的捷报频频传来，令在军事学院学习的毛岸英激动不已，他再次要求上前线。7月底，岸英的请求终于得到批准，他被任命为苏联红军中尉，被派往白俄罗斯第一方面军，在坦克部队担任连队指导员。

　　毛岸英来到部队，迅速与战士们打成一片。他熟悉部队基层政治工作，也善于做基层工作。当他带领部队从白俄罗斯向波兰进攻时，哪里最艰难、哪里最危险，他就出现在哪里。激战中，他几次从翻倒的坦克炮塔里爬出来，又钻进另一辆坦克里继续指挥战斗。战士们在这位英勇果敢、不怕牺牲的指挥员的带领下，越战越勇，多次取得战斗的胜利。坦克连的战士们都十分喜欢这位性格开朗、爱心无限的国际主义战士，因此都亲切地称他为"扁鼻子指导员"。

　　一天，部队奉命向德国开进，离开白俄罗斯边境时，岸英发现路边有好大一片新堆的坟头，一位老大娘在坟地里来回走着。他感到有些奇怪，便从坦克上跳下来，跑过去一看，只见老大娘正在为每座坟头插一个黑色的十字架，而且所有的十字架上都写着同样的名字。岸英问道："妈妈，十字架上怎么都是同一个人的名字?"

老妈妈沉默了一会说:"我也不知道哪座坟里是我的儿子,也不知道坟里的孩子妈妈是谁,妈妈失去了儿子,儿子也找不到妈妈,我就是他们的妈妈了。儿子坟头没有妈妈插的十字架,他们升不了天堂呀!"

岸英听了后心里一震,眼睛一下湿润了。他把正在休息的战士们叫过来,带着大家齐声喊道:"妈妈!我们都是你的儿子!"

随后,战士们高呼着"为祖国而战""为母亲报仇"的誓言,驾着一辆辆坦克卷动冲天的烟尘,愤怒地驶入波兰战场,势不可当地冲过捷克斯洛伐克广阔的土地,杀向希特勒法西斯德国。

毛岸英所在的坦克部队参加柏林会战,于1945年5月9日攻克了柏林,他亲眼看到苏联红军的旗帜飘扬在柏林国会大厦的屋顶上。

这时,曼努意尔斯基从苏军政治部拍来电报:斯大林元帅命令调谢廖沙回莫斯科接见。直到这时,岸英所在部队的红军战士才知道他们的"扁鼻子指导员"原来是中国人民领袖毛泽东的儿子。

毛岸英回到莫斯科受到斯大林的亲切接见。斯大林高兴地说："谢廖沙，你这位毛泽东的儿子很勇敢。"

"报告斯大林同志，我和英雄的苏联红军一起作战，只不过是普通一兵。"

"听说你没有加入苏联国籍，就加入了战斗行列？"

"报告斯大林同志，参战是我应尽的国际主义义务，我是中国人，还要回中国去。"

"你不想找个苏联姑娘做媳妇吗？怎么，嫌鼻子高？条件高吗？"

"我要找中国媳妇！我们中国人有个传统，婚姻要向父母禀报，我要找像我母亲那样的女革命家，贤妻良母，还要长得漂亮的。"

"你这倒是很有计划的。"接见之后，斯大林亲手赠给毛岸英一把小手枪。

苏联卫国战争胜利后，毛岸英被分配到苏联外国语学院学习政治经济学，有朋友劝他改学科学，他说："我喜欢军事和政治这两门课，我觉得以后的课堂是在我们的祖国。"

这时，第二次世界大战已经结束，德国、意大利、日本已经无条件投降，他抑制不住要回到祖国投身解放事业中去的强烈愿望，于是，他写信把此刻的想法和要求报告给了父亲。

1945 年 12 月的一天，毛岸英终于接到来自祖国的通知，父亲同意他回国了。正好有苏联医生要去延安给首长治病，在苏联方面的安排下，毛岸英准备同苏联医疗专家同机回国。

03

到社会基层
去锻炼

11. 与父久别重逢

1946年1月7日，一架苏制伊尔—18新型客机从冰天雪地的莫斯科机场起飞，划破长空往中国方向飞去。

飞机里坐着苏联医疗专家和毛岸英。刚一起飞，专家们就高谈阔论起来，而此时的岸英，心思并没有被他们的谈论所吸引，脑海里浮现的是父亲和母亲的身影。离别近20年了，他对父亲还是孩童时的模糊印象，还是那天深夜，父亲匆忙回家又急忙离开的情景。20年间，岸英经历的太多太多，他有满肚子的话想对父亲倾诉。一想到就要见到父亲了，激动的心就剧烈地跳动起来，他几乎把脸紧紧地贴在舷窗上，看着天空的白云，思绪万千……忽然，眼前出现的是天山山脉，山顶的白雪多像老人头顶上的白发，深深的沟壑多像老人脸上的皱纹。再往前飞是绿色的大草原，黄色无边的沙漠，这是他第一次从空中领略祖国的山河。

正在病中的毛泽东得知岸英和苏联医生同机回国的消息，非常高兴，决定要亲自去机场迎接。这可是他一生中屈指可数的亲自迎接客人，何况此时正值滴水成冰的三九寒天，西北的大风沙时常刮得天昏地暗，日理万机的毛泽东要带着病体去机场迎接苏联医生和回国的儿子。

飞机在延安上空兜了个圈子，然后平缓地向机场跑道俯冲，起落架上的轮胎擦过黄土铺成的跑道，飞机身后立即扬起滚滚黄尘。

飞机终于平安降落，毛泽东带着一队欢迎的人们站在跑道边。当飞机停稳后，他向伊尔飞机迎去。

第一个从飞机里出来的便是毛岸英。他站在

机舱口向外张望时，感到一切都那么的陌生：黄土高坡、土路、灰蒙蒙的天、枯树、凛冽的寒风、陌生的人群、陌生的场景。可是，当他正弓身走出机舱时，蓦然发现站在舷梯下的竟是他日思夜念、梦中呼唤的父亲——毛泽东。

这些年来，他从父亲寄来的照片，从电影、画报上，无数次地看到过父亲的魁伟形象，所以，虽然 20 年没有见面，今日第一眼就发现了父亲。父亲这么忙，天这么冷，又有病在身，还专门到机场来接他，这让他感到太突然、太意外了，激动和惊喜的泪水顿时夺眶而出，模糊了双眼。

岸英几乎是从飞机舷梯上滑下来一般，站到父亲跟前，毛泽东迎上前去，张开手臂，紧紧地抱住岸英，激动万分地凝视着比自己个头还高的岸英，第一句话是："你长得这么高了！"

岸英身穿苏军军绿色的呢子大衣，虽没戴军衔，也不失英俊和潇洒，真叫人喜爱。他以苏联式的奔放热情，紧紧地搂着毛泽东，不断地呼喊着："爸爸，爸爸，我多想你啊！"

听着儿子的亲切呼唤，毛泽东眼睛也湿润了，

喉咙有些嘶哑地说道："一样的想你啊！"

毛泽东放开岸英的手，接着与同机到达的苏联医疗专家和机组人员一一握手。

岸英看着父亲穿着一身又肥又大的土灰色棉衣棉裤，脚下是一双大头棉鞋，头上还戴着一顶灰棉帽，加上他一口改不了的韶山话，虽是土得不能再土了，可在岸英眼里，都是好得不能再好，亲切得不得了。

岸英登上了父亲的吉普车，毛泽东看着苏联医生、机组人员都上了车，才坐进吉普车内。吉普车在布满砾石、黄土沙的河滩公路上颠簸着，向着毛泽东的住处王家坪行驶而去。

毛泽东住的是王家坪一栋新盖的极为普通的石窑，但不是挖进山肚里的，而是模仿窑洞的样式盖在露天。石窑有两间，一边是卧室，一张木板床和两张帆布躺椅，一边是办公室兼会客室，放着电话机。

石窑洞外边，有一块不规则的月形空坪，长了不少的杨树、柳树、槐树。杨柳树上，勤劳的喜鹊还在上面筑了几个窝。石窑的西边有一块矮矮的四方石桌，桌四周有固定的石凳，这是毛泽东跟同志们谈工作的地方。石窑旁边盖有一间小平房，周恩来等中央负责人曾经在那里小住过，眼下是为岸英准备的临时宿舍。

岸英跟随父亲来到办公室，他无比喜悦的心情还未平静下来，脸上感到有些发热，满肚子的话又不知从何讲起，于是说："还是坐飞机快。"

"我去重庆坐过，中国革命的进程比飞机快。"毛泽东说完就坐在一张宽大的椅子上，欣喜地看着儿子英俊秀气的面庞：开阔的眉宇间有着母亲杨开慧俊俏庄重的姿态；天庭饱满，鼻梁挺高，有着父亲遗传的特征；肩膀宽厚，看得出是个有坚强性格和健壮体魄的小伙子。

毛泽东欣赏完后，说："你个头长得高噢。啊，你把那牛皮靴子脱下去，穿上这个。"说完，随手把椅子下一双黑布鞋递给儿子，还用手示意要儿子坐在对面小木凳上穿。

岸英接过布鞋，坐在小凳上脱掉皮靴，穿好黑布鞋后站起身来。

毛泽东高兴地说："噢，这才是毛家人的高

度。一路上风尘仆仆，你洗把脸。"岸英很快洗完脸，坐在父亲对面的椅子上，抑制不住地问道："爸爸，我二叔他是……"他对二叔的感情太深了，憋闷在心中多年的痛楚要向爸爸倾诉出来，还有妈妈牺牲的情形……

"岸英，你二叔牺牲在迪化（乌鲁木齐）了。"父亲语气说得很重，随手摸起一根香烟，划火柴的手指颤抖着点着香烟。

毛泽东抽了一口香烟说："革命嘛，总是要有牺牲的，为人民牺牲重如泰山！岸英，你母亲牺牲时你在她身边，这么多年来我都在想，当时你还是个孩子呀，后来你又在上海 5 年……"他又抽口香烟，同时在观察儿子。

岸英耸起重重的双眉，知道父亲该有多么地思念板仓，思念开慧妈妈，于是说："妈妈在狱中多次跟我说，'见到你父亲，就告诉他，我是为革命奋斗牺牲的！'……"

"你妈妈在狱中吃了很多苦哇，你还记得当时的情形吧？"

"敌人把妈妈打得遍体鳞伤，用尽了酷刑，还威逼利诱要妈妈在敌人报纸上声明和爸爸脱离关系，可妈妈只说了两个字：'妄想'！……最后，敌人就残忍地把妈妈杀害了！"岸英还没说完，已泪流满面。

毛泽东看了看沉浸在痛苦回忆中的儿子，微微地仰起脸，悲痛地说道："岸英啊，你二叔牺牲在新疆，你小叔牺牲在瑞金，你妈妈……还有你小姑，我们毛家已经为革命牺牲了好几个亲人喽！"

父子俩倾心地交谈起近20年来的离别之情……毛泽东谈到岸英在苏联学习生活的情况时说："你在苏联长大，住的是洋学堂，对国内生活还不了解，这是缺了实践这门课程，回来后应该补上。"

岸英理解父亲的意图，于是说："我想要很快地参加工作，边工作边学习。"

"工作要由组织上决定，关于你的成长我可以安排。中国还有个学堂，就是农业大学、劳动大学。"

岸英爽快地说："我很想到农村去参加劳动，搞调查。"

"要以劳动为主，要向群众学习。你在莫斯科睡那么好的钢丝床，你到农民那里就要睡黄土炕了，炕上摊一张芦苇席子，底下烧火，烧多了烙，烧少了凉。老百姓家里还有虱子，不要怕，有水就多洗一洗，没水就用手多捉它几个。"

岸英听着就笑了。毛泽东知道儿子在上海吃过 5 年的苦头，这些对他不是难关。

岸英高兴地说："爸爸，快点安排吧！"

12. 上"劳动大学"

几天后，毛泽东请来了一位农民客人，他把岸英叫到住处，向一位坐在木椅子上的老农民说："他是我的儿子毛岸英，刚从苏联回来，吃的是面包，喝的是牛奶，他去你那里当农民。"说罢转过身对岸英说："这就是劳动大学的吴校长。"

老农连忙站起身来，毛泽东摆手要他坐下，接着说："岸英，先拜校长，一日为师，终身为父，他可是著名的劳动模范呀。"岸英向老农行了个鞠躬礼。

"毛主席，咱那里叫啥大学，咱叫啥校长呀，咱啥也不懂呀。"

"我知道的你都知道，你知道的我还不知道，你要教他嘛，庄稼是怎么种出来的，怎么种才能多打粮食？"

"毛主席，这个咱行。"

"吴校长，我给儿子的学费不多，就定一担六斗小米，300 斤左右吧，学生过两天就到。"

"毛主席，咱吴家枣园有小米吃。"

"学生都要交学费，你的学生会吃你很多小米的，他的口粮，会亲自背去的。"

1946 年 3 月的一天早晨，岸英要去延安城南 15 里外的吴家枣园学习，他穿上父亲送他的打补丁的棉衣和一双布鞋，背包里还装着一双布鞋和一套新布裤褂。送他的张参谋，在捆行李时，特意给他拿来一条棉褥子，岸英听父亲说老乡家里炕上光铺芦席，就没同意带。他说："垫了褥子，在老乡家里显得有些特殊。"

临走时，他精神抖擞地向父亲行了个军礼。

毛泽东打量着他这身穿戴，感觉还少了一点什么，转过头，看到床头搭着的白羊肚子手巾，连忙拿过来递给了他。岸英接过毛巾，扎在了头上。毛泽东满意地说："这才像个陕北娃子。你要和老乡们一同吃，一同住，一同劳动，要学会唱陕北的信天游。从开荒一直到收割，再背小米回来哟。"

岸英把行李和一斗小米往肩上一搭，转过头来说："爸爸再见。"他边走边向王家坪挥着手。

岸英和张参谋绕道从后山进了村庄，村子里一下子围来好多人。郝村长从桌上捧起一个装清水的大碗走到岸英跟前说："岸英同志，按照毛主席的安排，我们全村老百姓都热烈欢迎你来学农。这是本村井里的水，喝了这碗水就成为一家人啦。"

岸英双手捧起大碗，几大口就把水喝干了。

这时，郝村长叫来两个青年，介绍说："岸英同志，这是给你请的'先生'，你就叫他们老大哥、老二哥吧。你们从今天起，就在一个生产互助组了。"

岸英高兴地握了握他们粗糙有力的大手，二

位老大哥虽年纪不算大，却满脸皱纹。岸英心想，真够老资格的了。

正式开荒那天，岸英见两位大哥扛的大镐和他拿的不一样，他用手一拎，要相差几斤的分量，于是，他抢来老大哥用的那把大镐。山坡上的荆棘条长着硬刺，一镐刨下去如果斩不断，就会反弹起来抽打在手上和脸上，火辣辣地疼。岸英刨了一会儿，手上和脸上都被棘条划破了，双手也打起了水泡。他看到两位老大哥干得又轻巧又快，深深地佩服中国的广大农民，他们才是真正地征服土地的英雄啊！

岸英说："老大哥，我也要有像你们这么有力的双手呀！"两位老大哥回过头来说："岸英，你的手是动笔杆的呀。"岸英摇着头说："动枪炮的、动机器的、动笔杆的，都得吃农民种出的粮食呀！"从此，岸英每天开荒抢起大镐刨下去，两肩、双臂不震得发麻他都感到心里有愧，就像老二哥说的，镐刨下去没有回响，那就是没有叩开大地。两位老大哥从岸英甩开膀子实干的劲儿上看得出，他干活着实不藏奸，是个好小伙子。

岸英被安排在吴劳模家吃饭，郝村长、吴劳模怕他吃不习惯小米子和米糠窝头，特意让房东给他加一个辣椒面炒土豆丝，每顿饭他都吃得满口喷香。一段时间后，他们还苦心安排要岸英回延安看看爸爸，为的是给岸英改善改善生活，可他坚决不回去，诚恳地说："我才开始学个头，马上要开犁播种了，我怎么能回去。再说爸爸要是想我，他准写信来。"

老大哥是村里扶犁的一把好手，开犁播种的那一天，岸英见老大哥扶犁扶得轻松自如，于是就想接过犁把来试一试。他抓过犁杖把，一扬鞭子，还没等他把铧头插进土里，毛驴拉起犁就小跑起来，等他将铧头插进硬土里时，由于角度没掌握好插得过深，毛驴拉不动就犟了起来，一下把岸英甩倒在地。老大哥连忙上前示范着说："要先把铧头插进土里，等拉动时再抓稳犁杖放平，手中鞭子先要抽个响，毛驴就知道扶犁的鞭头狠，就会耷拉耳朵低下脑袋乖乖干活了。"

岸英拍着划破的衣服说："牲口也欺负生人呀。"

老大哥和老二哥一样一样手把手地教给岸英庄稼地里的活计，不久，所有的农活他都能干得八九不离十了。岸英的双手磨出小泡套大泡，脱起一层层皮之后变成干巴茧子了。吴家枣园人见岸英什么事都学得认真，能吃得苦，是在实心务农，都夸他有尊敬农民的好思想，毛主席有个顶好的儿子。

　　岸英记住临来时爸爸对他说的话："孔夫子还敏而好学，不耻下问。你就甘当小学生吧。"他在随身带着的笔记本中写道："要开荒，先备镐。刨荆条，要除根。要开犁，先打铧。牲口套，没疙瘩。扶犁杖，脚要稳。手抓粪，要均匀。撒种子，成条线……"

　　庄稼地里的活不忙了，岸英闲不住就主动找活干。他每天要给几家五保户挑满缸的水，还给几家烈军属准备成垛的烧柴，包扫了三户院子和半条街，老乡们都说他是眼里有活，两手不闲住的好青年。村里男女老少都喜欢找他聊天说事，哪家有困难，他都主动帮忙解决，他带来的钱也都花在给老乡买药治病了。

1946年下半年，蒋介石指使胡宗南进攻延安，形势变得紧张起来。郝村长和吴劳模请示县委和毛主席后，要把岸英送回延安。

　　岸英离开吴家枣园时，全村人都恋恋不舍地送过山梁。岸英站在山梁上，临别时，向乡亲们行了鞠躬礼，村长派老二哥给岸英扛行李相送，岸英握住老二哥的手，坚决要自己扛着行李回延安。在他大步走下山梁时，对随行的吴劳模说："心里感到还不满足，没有学到秋天，没有亲手收割金灿灿的谷子。"

　　岸英回到了延安，毛泽东见他头上用白羊肚毛巾扎着个英雄结，脸上晒得黑黑的，穿着灰土布汗褂子，两只胳膊闪着黧黑的光彩，跟陕北青年农民一个样子。毛泽东风趣地说："好呀，白胖子成了黑胖子了！"

　　吴劳模过意不去地说："毛主席，这些时日把你娃娃累苦啦。"

　　毛泽东抚摸着岸英的双手，厚实粗大的手心里结了厚厚的茧子，满意地夸奖道："这就是你在劳动大学的'毕业证书'！"

从"劳动大学"回来，岸英向爸爸提出要边工作边学习。毛泽东觉得岸英的要求是真诚的，便让他到中共中央宣传部跟老同志学习。要求他从最基层做起，逐步熟悉和了解中国的情况，提高工作能力。

岸英对这里的一切都很感兴趣，他如饥似渴地学，努力地工作，从点滴小事做起，每天不怕疲劳、不辞辛苦。

1947年3月，蒋介石在对解放区的"全面进攻"惨败以后，改为对陕北和山东解放区的重点进攻，其中命令由胡宗南纠集25万兵力进犯延安和陕甘宁边区。当时，西北人民解放军只有2万多人。这时，中央机关疏散到瓦窑堡，中宣部被安排在瓦窑堡附近的一个小村里。

3月29日，党中央在清涧县枣林沟召开政治局会议，决定党中央分作两部分，由刘少奇、朱德等组成中央工作委员会，到河北进行中央委托的工作。由毛泽东、周恩来、任弼时率中央和人民解放军总部机关继续留在陕北，指挥全国的解放战争，并直接领导西北的作战。

岸英被安排到正在山西工作的中央土改工作团，参加土地改革的试点工作。为便于工作，毛岸英化名：小曹。

13. 参加土改工作队

1947年4月初，岸英来到了中央土改工作团所在地郝家坡村，他找到工作团负责人康生说："康团长，我来向你报到，我要求和其他同志一样，分给我几户，我要深入到农民中去，来晚了得多干些活呀！"

正在那里的工作队员曹轶欧翻了翻本子说："我看把高坤生光棍儿分给小曹，他们是光棍儿对光棍儿；再把妇女主任张秀英也分给小曹，有男有女，有干部有群众，这也是全面锻炼嘛。"

有同志说："小曹初来乍到，高坤生性格古怪，我看别分给他。"接触过高坤生的人都知道，他是一锥子扎不出个眼儿的人，谁到他家就是坐在炕上磨破裤子，他也说不出一句话来。

别的工作队员都等着康生表态。这时岸英说："我看这两家行呀，我如果干不好，就请大家多多帮助吧。"

"对头，小曹是老党员，联共（布）党员转过来的。党员嘛，就要知难而上。"康生就这么拍板了。

高坤生是位三十四五岁的单身汉，长年给地主家做长工还能混口饭吃，近一阵子因为脚上生疮，不能下地干活，就待在窑洞里磨磨蹭蹭煮一顿饭吃上两三天。岸英向工作队员打听到高坤生住的窑洞后，就准备去看望。忽然一想，第一次去他家见面，应该给这个最困难的人送点温暖，但没有其他礼物可带，于是就上山打了一担山柴。岸英挑着山柴找到那个最破的窑洞，上前问道："高坤生老乡在家吗？"没有回应，等了一会，岸英又再问。

"你是谁呀？"

"高大哥，我是土改工作队的小曹，专门来看你来啦。"

"你准是找错门了吧？"

"找对门了，高大哥，我就是来找你的。"岸英把山柴放在窑洞门前。

"门儿从来不关，耗子都不进我这窑洞。低点脑袋瓜子，别撞掉鼻子。"高坤生有气无力地说道。

岸英弓着腰挤进窑洞，里边黑漆漆的，他站了许久也没看清里面的模样。忽然哗啦一声，高坤生从破窗口扯下一块老羊皮，屋里这才露出一线光亮。

岸英自我介绍说："我是工作队的小曹。"他大步迈进屋里，伸手摸着炕沿就坐在土炕上。

"小曹？我咋没听说过呢？"高坤生半躺在炕上和他打着招呼，用破被垫着两只大脚。

岸英心头一亮，觉得这人不是对啥事都漠不关心，工作队新来个人员，他都能知道，这说明他不是不关心土改工作。赶忙说："高大哥，我是刚到郝家坡的，听说你脚上生了疮，人常说：'一只脚上有疮，两条腿发沉。'我从工作队医生那里给你带来点泡脚的药，用热水泡上几次能见好的，我来为你泡一副吧。"

高坤生抬手揉了一下鼻头，差点掉下眼泪来。

他嘴里叨咕道："屋里水没水，火没火，就剩下个半死不活的人。"说完又重重地叹了口气。

岸英连忙到窑门外把山柴抱进屋里，再看破缸里真没有水，也没有找着水桶。他说："高大哥，你千万别动地方，脚病就怕抻着，我去担水。"他转身走出窑洞，心想，这个高坤生并不是不开窍的人，只是生活得太苦了。

岸英挑来水，还背来几升小米，点火时又费了很大的劲儿才把烟筒给通透。他先煮出喷香的小米饭，又亲手泡好了药，准备动手给高坤生泡脚时，吓得高坤生浑身直打哆嗦，连忙说："哎呀，我的老天爷，使不得！使不得！"说啥也不肯让岸英给他洗脚。

岸英笑着说："高大哥，你要是把我小曹看成外人，那我转身就走开，你要把我当兄弟看。如果我脚上有疮下不了地，你能帮我洗不？"几句话感动得高坤生号啕大哭起来。

第二天，岸英又找来医生把高坤生脚上的烂肉剔掉，经过几次治疗，高坤生的脚病好了许多，能下地走路了。

一次，他见到岸英，泪流满面地说："小曹同志，我今生怎么就遇见你这么个好人啊！"他感到对岸英没法报答，要求工作队把出工、开会敲铜锣的差事给他，他每天准时把那面铜锣敲得格外响，见人就说工作队的好。

岸英接下来又找到妇女主任张秀英的家。前几天斗恶霸地主刘浩生时，张秀英没有参加。作为妇女主任没有参加批斗会，这可不是一般的问题，在群众中影响很大，妇女是半边天，她没有参加会，就减少了对地主控诉的力量。岸英想，没参加会肯定是有原因的，首先还是要把情况弄清楚。

张秀英听见有人敲窑门，立刻把才三个来月的孩子抱在怀里去开门，还特意拧了孩子屁股一把，孩子哇哇地大哭起来。岸英笑着说："你是张秀英主任吧？我是工作队小曹，特意来看看你呀。"他还敬个军礼，说得十分客气。

张秀英哄着孩子，装作不解地说："同志，你找我吗？"她连说带演戏地忙活着。

岸英看她顶多 30 岁出头，浑身上下收拾得很利索，怀里的小女孩脸蛋红扑扑的，穿着都很干净，窑洞里外收拾得盆光碗亮，看得出女主人是把治家的好手。他进屋诚恳地说："张主任，我是刚参加工作的新手，工作队安排让我来和你商量，发动妇女参加土改的事。"

"啥主任？我快卸任了。"张秀英说话很爽快："男人坠腿，孩子占手，我圈在窑里也出不了门儿，再说我哪里有能耐呀？发面都发不起来，哟哟，还说发动妇女呢。"

岸英笑笑说："我听工作队的人说，薛大哥是开明男人，怎能让大嫂困在寒窑呢？"

"我是有脚出不了窑门，有腿走不进人群，你看看这哭咧咧的孩子，手也捆住了，嘴也粘住了。"她又动手掐孩子屁股，孩子像被蝎子蜇了似的哭了起来。

这一招被岸英看见了，于是他顺手从怀里掏出个用罐头盒子做的哗啦棒，里边装着小石子儿，用手一摇哗哗响，孩子听着立刻不哭了。他说："张主任，你可是老乡们选出来的，怎么能卸任呢？"

张秀英这才仔细地打量岸英，感到这人不一

般。她接过哗啦棒笑着说："曹同志，你还会做玩具？手可真够巧呀。"孩子被哗啦棒逗得一声不哭了。

岸英说："听说你孩子太小，确实有困难，我才给孩子做个哗啦棒玩儿，因为我从 8 岁就带着两个弟弟，在外地生活了 5 年多呀。"

"半大孩子还带两个孩子，那你可够苦的哟！看来我们都是穷苦出身，应该帮助穷人翻身干些事。"

张秀英把孩子拍睡之后，说："我们妇女不爱抛头露面，有的是家里老人封建，有的是男人阻挡，拿我来说主要是孩子坠手，不然像我这贫农女儿，又是选出来的妇女主任，不干点事脸上也不光彩。斗大恶霸刘浩生那天，有许多老乡都躲在房后和墙犄角偷着听，我也抱着孩子竖着耳朵听了。"

岸英听后高兴地说："工作队都十分支持你的工作，妇女姐妹们也都非常信任你，我们就一起把土改工作搞好，让穷苦人真正得到土地，妇女们能翻身得解放，大家的日子就好过了。"

听岸英这么一说，张秀英解除了思想顾虑，

很快就热情地投入到工作之中了。

　　经过工作队的反复动员，发动群众起来批斗刘浩生的斗争大会开了几次，恶霸刘浩生得到应有的惩罚，穷人分得了土地，群众的觉悟有了很大的提高。毛岸英在中国这场最深刻的伟大革命中，看到农民们起来革命的巨大力量，感到异常兴奋。这虽然不像战场真刀真枪地冲锋陷阵那样壮烈，但是尖锐的阶级斗争，同样是轰轰烈烈的。他在阶级斗争的实践中学到了很多以前书本上学不到的东西。

　　1947年7月底，正当高粱、谷子抽穗，玉米棒子胀鼓鼓，丰收在望之时，岸英接到通知，提前离开土改工作团到河北参加全国土地工作会议。

　　为了不惊动村里的百姓，第二天天还没亮，岸英就和同行的工作队员打好背包，踏着晨雾，悄悄地离开了郝家坡。

　　岸英走后的第二天，小曹的真实身份就在村子里传开了：

　　"你们知道小曹是谁？"

　　"咋不知道？小曹就是曹轶鸥的侄儿呗！"

"不，他是毛岸英。"

"毛岸英是谁？"

"这都不知道？毛岸英就是毛主席的大儿子啊！"

"啊呀！你看你看，怎么不早些告诉我们呢？"

"对，越想越像，他那模样，是像毛主席。毛主席的儿子真不赖呀！"人们谈论着，称赞着，发自内心地夸奖着毛岸英……

毛岸英一行，于8月初到达河北平山县西柏坡。由刘少奇、朱德等组织的中央工作委员会在这里开展工作将近半年了，全国土地工作会议正在这里召开。会议前半期，主要是总结各解放区土地改革的情况，交流经验；从8月底到9月中旬，会议主要是讨论土地改革中的政策问题。

毛岸英来到西柏坡后，列席了全国土地工作会议，并在分组讨论时，介绍了郝家坡村土改的经验和教训。

全国土地工作会议结束后，岸英又随土改复查工作团，到山东渤海区（现在的惠民地区）搞土改复查。为了方便工作，毛岸英使用的是杨永福的名字。可是，工作队一到渤海，老乡们还是知道毛泽东的儿子来搞土改复查了，但不知哪个人是，地方干部和老乡们看看这个，猜猜那个，议论纷纷。

岸英在人们眼里，总是一个"土八路"的形象，平凡、朴素、诚恳、朴实，见人总是和和气气，没有任何特殊的地方。平时他总是穿着父亲给他的那件肥大的灰军衣，不修边幅。在众人面前，他没说过一句俄语，没有提过一次苏联的事，根本看不出是吃过洋面包的人。他对谁也没有发过脾气……一句话，平凡得像一个普通的农村干部。

爱情与乡情

14. 西柏坡结情缘

　　1948年5月，党中央和毛泽东到达河北平山县西柏坡。不久，毛岸英完成土改工作团的任务，也从山东回到了西柏坡。他一到住地便兴冲冲地来看望父亲。

　　父子俩自1947年在陕西清涧县分别后，又一年多没见面了，毛泽东看到儿子长壮实了，渤海的海风吹得他脸膛黑红黑红的，手上的老茧子也显示他在乡下劳作的状况。岸英从衣袋里抓出一把炒花生，递给父亲说："爸爸，尝尝山东的花生，可香脆呢！"

　　父子俩见面聊得很开心，他们谈到土改中的

许多问题，谈到全国解放和苏联方面的情况。当时，我们党迫在眉睫的两大任务，一是新老解放区的土改和整党；二是运筹帷幄，消灭国民党，解放全中国。毛泽东考虑准备用 5 年左右的时间，打倒国民党。

正当他们山南海北谈得兴致勃勃时，一位秀气的姑娘落落大方地来到毛泽东的住处，进门就亲切地喊道："爸爸，爸爸您好！"

毛泽东望着她惊喜地说道："哦！是思齐，你是么时候来的呀？"

刘思齐高兴地回答："我刚到，一到这里就来看爸爸。"

毛泽东起身走到思齐身边，用手在她头上比量了一下，幽默地说："长得真快呀，女大十八变，在延安那阵子，你还是个细妹子呢！"他转过头，笑着对儿子说："岸英，你还记得她吗？"

岸英仔细打量着思齐，只见她苗条的身材，秀气的脸庞，两只黑眸子神采奕奕，两条油黑的大辫子一直垂到了腰际，看上去干净、整洁、朴素、大方，没有一点骄娇之气，而且全身充满一种青春的魅力。

岸英看得正愣神，倒是刘思齐先向他打招呼："岸英哥，你也在这里？"她显得十分高兴，同时也流露出几分少女的羞涩。

岸英醒过神来，连忙说道："啊，思齐，你长高啦，也长漂亮了！记得前年在延安时，你还是这么一点点高呢。"他用手在自己胸前比画着。

思齐突然说道："我才不是呢，岸英哥小瞧人家啦！"

"怎么样，还好吗？"岸英迫不及待关切地问道。

"马马虎虎，我在山西长治北方大学文学院学文科，现在学校放暑假了，我就跑到这里来了，想看看爸爸。没想到碰到你，真让人高兴！"刘思齐絮絮叨叨地说着，脸上笑成一朵花。

岸英不假思索地迸出一句："这叫有缘千里来相会！"刘思齐一听，两只黑眸子紧紧地盯着他，脸上唰地红了起来。岸英觉得有点失言，连忙更正说："噢，这叫巧合，完全是巧合！"

毛泽东看着这一对般配的年轻人，久别重

逢，说话投机，欣慰地笑了，便悄悄地退回他的办公室。

原来，思齐的父亲叫刘谦初，曾任中共山东省委书记。1931 年，刘谦初与妻子张文秋双双被捕，关在同一所监狱里。此时张文秋已有身孕，因她没有暴露共产党员身份，敌人就把她放了，而刘谦初等 21 位共产党人被枪杀。诀别时张文秋说："谦初，你给未出世的孩子取个名字吧！"

刘谦初说："不管是男是女，就叫'牢生'吧。"

张文秋又恳求着说："再给孩子取个大名！"

刘谦初坚定地说道："不管你们流落哪里，要思念齐鲁，思念故土，就叫'思齐'吧！"。

刘思齐出生后，由母亲带着转战南北，后来来到延安。1938 年春节，毛泽东和其他中央领导人在延安中央党校礼堂观看话剧《弃儿》时，剧中的一个小演员把戏演得非常逼真动情，催人泪下，看戏的人都被剧情感染了，毛泽东也被剧中小女孩的表演打动了。演出结束后，毛泽东派人把小演员叫到跟前，亲切地抚摸着她的头问道："你叫什么名字呀？"

"我叫刘思齐。"说完，她在人群中寻找着，终于发现了什么似的，用手一指，"那就是爸爸妈妈。"

当毛泽东知道刘思齐是战友刘谦初和张文秋的孩子时，表情变得严肃起来，他交代张文秋和已成为刘思齐继父的陈振亚："这是烈士的后代，我们有责任好好教育她。"毛泽东弯下腰，问思齐："我做你的干爸爸，你做我的干女儿，好不好呀？"

思齐羞答答地喊了一声"爸爸"。从此，他们结下了父女的情缘。

等他们再相见时已是8年之后，这时刘思齐已经16岁，她和母亲从新疆军阀盛世才的牢狱中出来不久，刚刚返回延安，继父陈振亚在牢狱中被敌人杀害。毛泽东到中央党校看望从新疆回来的全体人员时看到张文秋，急切地问道："思齐呢？怎么没见到她？"张文秋急忙找到思齐来见主席，毛泽东高兴地说："七八年没见面，长成个大人了，我都认不出来啦！你还是我的干女儿呢，记得吗？"

思齐点点头说："记得，记得，我时常想念干爸呢。"从此以后，刘思齐就常到毛泽东住的地方去玩。岸英从苏联回国后，也见过刘思齐几次面，思齐亲切地称他岸英哥哥。

这次思齐和岸英在西柏坡巧遇，让两个有着相同经历的青年人的心更加靠近了。

这期间，岸英在中央宣传部担任编辑助理。他和著名的马列主义翻译家曹葆华一起翻译了恩格斯的《法德农民问题》以及《苏联国民经济领导研究提纲》，还协助曹葆华翻译了列宁的《俄国资本主义的发展》等著作，同时，他还做国内外大事的摘抄，供中央负责人参考。他不分昼夜地埋头工作，用他的话说："不辜负生者，对得起死者才好！"

从此之后，刘思齐就经常来西柏坡找岸英，她和岸英一道参加平山县周围农村的土改工作，一道学习交流。在和岸英哥哥的接触中，他们的感情迅速升温，但这感情一直都藏在心底，谁也不好意思先开口。直到有一天，邓颖超妈妈和康克清妈妈看到两个年青人如此地要好，便决定促成这件好事。经她们提议和做媒，两个早已相爱的年青人正式建立了亲密的恋爱关系。

毛泽东本来对思齐这位干女儿很中意，但孩子们的事他也不好自作主张，只好听其自然。当他得知岸英与刘思齐已经恋爱时，感到非常满意。思齐是烈士的后代，又是他的干女儿，人品、相貌都蛮好，十分般配。他还寻思着，再过三五年等全国解放了，岸英与思齐就结为伉俪。

自毛泽东率领中共中央、中国人民解放军总部移驻河北平山县西柏坡后，中国人民解放战争的进程似乎比预想的要神速得多，解放军百万大军所到之处，国民党反动派如风卷残云般地被摧垮。1948年11月2日辽沈战役胜利结束，1949年1月10日结束的淮海战役又歼敌55万多人，1月21日，人民解放军平津前线司令部与傅作义达成《关于和平解决北平问题协议》……

一天，毛泽东对岸英说道："岸英，你要做好准备，参加到解放全中国的伟大行列中去呀！"

"爸爸，我很想到前线当兵，可是，上级却分配我去建屏中央机关保卫训练班学习。听说结业后，给李克农同志当秘书。"

毛泽东嗯了声，说："李克农同志长期从事隐蔽战线的斗争，经验非常丰富。"他停了停，又补充说："还是服从组织分配，干一行爱一行吧！"

岸英在中央机关保卫训练班学习结业后，被分配到中央社会部，说是担任李克农部长的秘书兼翻译，可他还没有见到李部长，就接到命令，要他从保卫训练班直接赶到工兵排报到。

1949 年 1 月 31 日，北平宣告和平解放。当天，岸英随同两名苏军扫雷专家和一个工兵排，跟随中国人民解放军第一批部队开进北平城，任务是排查北平城内的安全隐患。岸英在工兵排不分昼夜地连续工作了两个多月，圆满地完成了任务。随后，在陈毅的要求下，又跟着陈毅指挥的第三野战军进入国民党统治的老巢南京。岸英一行完成对蒋介石伪总统府扫雷任务后，又随着上海解放的脚步，进入上海排雷。

"啊！上海，我又回来了！"当部队开到上海郊外，岸英站在沪宁铁路的一个小站上，翘首南望硝烟弥漫的大上海时，他感慨万千！他们兄弟在上海度过 5 年的流浪生活，受尽痛苦折磨的情景又历历在目。往事不堪回首，在离别 13 年之后，他又回来了……

15. 简朴幸福的婚礼

1949 年 9 月，金秋的北平到处呈现出喜气洋洋的祥和气氛，全国政治协商会议已经召开，新中国即将成立。这时，毛岸英和刘思齐也打算筹备自己的婚事。岸英再次去征求父亲的意见。

毛泽东高兴地说："同意你们结婚了。你们准备怎么办婚事呀？"

岸英听后十分惊喜地回答道："爸爸这次同意我们结婚啦？太好啦！我们商量越简单越好。我们都有随身的衣服，也有现成的被褥，不用花钱买东西。"

毛泽东说："好！10 月 1 日是开国大典。你们的婚礼就放在 10 月 15 日，这是喜上加喜。"过了一会儿他接着说道："应该艰苦朴素，你们结婚是一辈子的大事呀，我请你们吃顿饭，你们想请谁就请谁。你们还要跟思齐的妈妈说说，现在是供给制，她也不要花钱买东西了。她请谁来都可以，来吃顿饭。"

原来，早在 1948 年的这个时候，毛岸英和刘思齐的爱情就像这秋天的果实，眼看就要瓜熟蒂落了，他们打算尽快结婚，于是两人一同去请示爸爸。

毛泽东关切地问："思齐，你今年多大啦？"

思齐羞涩地说："满 17 岁，吃 18 岁的饭了。"

岸英生怕爸爸不同意，连忙补充一句："按照民间的算法，她也可以说是 18 岁了。"

毛泽东横了岸英一眼，又问思齐："你才 17 岁，还在学校读书，着么子急喽？等打完这一仗，再结婚也不迟呀？"

说完转过脸，盯着岸英严肃地说："岸英，你才 25 岁，着么子急嘛？"

岸英诉苦似的争辩道："不是，爸爸，我已经满 26 岁了！"

毛泽东又劝说道："岸英，你回国才不久，我们部队连以上干部，不满 30 岁是不准结婚的，就算你是 26 岁吧，还差好几岁呢！解放区的婚姻法规定：男满 20 岁，女满 18 岁才能结婚，这一条，思齐就不够条件结婚。"

刘思齐羞怯地点点头，小声说："我听爸爸的，只要岸英真心爱我，等 10 年再结婚我也愿意。"

岸英着急地说道："我是不愿再等了！再等 10 年我都老了。反正，我是拿定主意了，我和思齐要结婚！"

毛泽东听后把脸一沉，提高声音说道："你再急也不能违犯法律，我们规定军队连长以上的干部，不到 30 岁不能结婚，你凭什么不到 30 岁就要结婚，来破坏这条规定？！就因为你是我毛泽东的儿子，你就可以特殊化，不遵守军队的规定，任意破坏纪律？！都照你这样不受纪律约束，那军队还能打仗吗？！现在，你们两个人都不够条件，最主要是刘思齐不够婚姻法规定的年龄，法律是公正无私的，不允许有特殊人物不遵守，你毛岸英、刘思齐不能例外。"

就这样，岸英和思齐结婚的事儿又拖了一年。今天，爸爸终于同意他们结婚了。岸英高兴地跑去把这一消息告诉了思齐，两人沉浸在无比幸福之中。然而，距结婚的日子仅仅只有 10 多天的时间了，结婚的事儿说起来容易，可真要办起来还是千头万绪，即使简单地操办，也得准备准备呀。于是俩人紧锣密鼓地忙碌起来。

岸英说："爸爸说了，咱们想请谁就请谁。"于是，他们一起商量拟了一份请客名单，岸英拿去请爸爸确定。

毛泽东看了看，思考了一会儿说："大体上都齐了。只是，你们只请邓妈妈不行，请了邓妈妈，还得请你周恩来伯伯；请了蔡妈妈，还应该请李富春；请了康妈妈，还应该请总司令；请了谢老（觉哉）还应该请王定国；还有帅妈妈（帅孟奇）、少奇和光美同志也要请。弼时同志有病住在玉泉山休息，就不要麻烦他了。"

岸英和思齐根据父亲的意见，跑到周伯伯家，又跑到朱老总家，帅妈妈家，一家一家地都请到了。被邀请的长辈们又是祝贺，又是嘱咐，又是夸赞！

1949 年 10 月 15 日，是个秋高气爽的大晴天儿。毛岸英和刘思齐的婚礼在中南海举行。

毛岸英穿一身标准制服，这是他给李克农当翻译会见外宾时穿的"礼服"，倒也风度翩翩；刘思齐身着灯芯绒布上衣，裤子是半新的蓝裤，脚穿新买的方口布鞋，两条油黑的长辫，加上两只水汪汪的大眼睛，把这山东姑娘衬托得着实惹人喜爱。

"真是天生的一对！"大家纷纷由衷地赞赏道。

晚上 7 点多钟，尊贵的客人们手持礼品，笑吟吟地来到中南海菊香书屋的西屋，互看带来的小纪念品，蔡畅和康克清送的是一对绣花枕头套……大家既向一对新人祝福，又向毛泽东祝贺，祝贺他有这么一个好儿子，又有了一个好儿媳。婚礼充满了和谐、喜庆的气氛。

毛泽东自己掏钱，请了两桌酒席。大家济济一堂，笑语晏晏。毛泽东也掩饰不住心头的喜悦，端起一杯红葡萄酒，走到刘思齐母亲张文秋的跟前，笑容可掬地说："谢谢你教育了思齐这个好孩子，我为岸英和思齐的幸福，为你的健康干杯！"

张文秋一时窘得不知说什么好，僵在那里想了一下才说道："谢谢主席养育了岸英这样的好孩子，谢谢主席在百忙中为孩子们的婚事操心，思齐年幼不太懂事，希望主席多加批评指教。"说完，把高脚酒杯与毛泽东的酒杯轻轻碰了一下。

毛泽东以主人的身份向在座的宾客说："孩子的婚事没有要我操心，也没买这买那。吃了饭，请你们到孩子的新屋去看看。"

席间，叔叔伯伯和"妈妈"们谈笑风生。毛泽东不住地将湖南腊肉、腊鱼、豆豉辣椒往徐特立、谢觉哉老人的碗里夹，边夹边说："尝尝家乡风味，几十年没吃到这样的茶油浸腊肉了。"

婚宴即将结束时，毛泽东拿出一件青色的海军呢大衣，想了良久，带着歉疚风趣地对岸英和思齐说："我没有什么贵重礼物送你们，这是我1945年去重庆谈判时穿过的一件大衣，送给你们吧，白天岸英穿，晚上盖在被子上，你们俩都有份。"在场的人忍不住大笑起来。

他们的新房是机关宿舍的一个普通房间，门上贴着大红喜字，房子里的主要用品就是一张木板床，上面有两条被子，其中一条是公家发给岸英一直在用的被子，另一条是思齐带过来的嫁妆；那对枕头，只有枕套没有枕芯，岸英和思齐就把暂时不穿的衣服填在里边，变成一对又软又暖和的枕头。

这就是共和国主席毛泽东长子的婚礼，比一般百姓更为简单、朴素。确实，新中国成立初期，百废待兴，各方面都很困难，作为党和国家领袖，毛泽东也不例外。

他们的婚礼，虽说简朴，但又是新中国成立以来规格最高的婚礼，能来的中央领导人都来了……

新中国成立后，岸英仍在社会部工作，后来又调他到中央情报委员会，还是担任李克农的秘书，有外宾来访时，他还要担任翻译，在李克农的言传身教下，岸英的工作干得很出色。

16. 回湖南探亲

　　岸英不到 9 岁离开湖南老家，20 年间没有回去过一次，他是多么想回故乡祭拜安葬在那里的妈妈呀！毛泽东何尝不想回故乡看看？无奈，新中国刚刚成立，事情太多工作太忙，根本抽不出身来！也只好让岸英代表他回趟故乡，一来祭扫杨开慧的墓，告慰她未竟的事业已经完成了；二来看望韶山冲的父老乡亲们，他们为革命出过力，现在革命成功了，不能忘了他们。更重要的是要了解一下湖南乡下的情况，马上就要土地改革了，农民们是怎么想的？都有些什么要求？特别是乡下来信说，湖南有些地区粮食歉收，发生了粮荒，不知情况会糟到什么程度？今冬明春，老百姓将怎样度过呢？

　　1950 年 5 月 23 日，毛岸英忙完工作，乘火车匆匆赶往长沙。因为 5 月 25 日是外婆的八十寿辰，他要带着父亲的贺信和寿礼前往祝寿。

临走前，毛泽东又叮嘱他说："见了乡亲们要有礼貌，对辈分大的男人称阿公，对长辈喊伯伯叔叔婶婶，同辈的以兄弟相称，或者喊同志；再一点，要入乡随俗，不要有任何特殊，老百姓最不喜欢摆格的人。"

岸英用地道的韶山话回答道："晓得喽，爸爸。"毛泽东又递给他一个皮包，指了指说："这里的一些票子，是我的积蓄，看到真正困难的乡亲，你就见机行事吧，俗话说'空身进门，猫狗不理'，总之，你看着办吧。"

"爸爸，你放心，我晓得的。"

岸英到达长沙时，天色已晚，他先住在省委接待处。第二天天还没亮，就迫不及待地要去学宫街看望外婆和舅舅、舅母。80岁的外婆，仍然耳聪目明、精神矍铄。岸英一头扑在老人的怀里，像个孩子似的又哭又笑，口里不停地叫着："外婆，外婆，我好想你呀……"

等岸英平静下来，他把父亲的信和寿礼送到外婆手里，还拆开信，一字一句地念给外婆听。念完信，问道："外婆，你听清了吗？"外婆不住地点头:"我懂,伢子,我懂,谢谢你爷老子的一片孝心啊!要是霞妹子还在,该有多好哟!"一句话说得在场的人难过地抹着眼泪……

5月25日,由省里出面,为杨老太太八十大寿举行了一个小型的庆祝会,同时也是为岸英荣归故里接风洗尘。

岸英时刻怀念20年前牺牲的妈妈,他要去的第一个地方就是到板仓为妈妈扫墓。

岸英来到棉花坡"毛母杨开慧"的石碑前,他扑通一声跪在母亲的墓前,泣不成声:"妈妈!妈妈!儿子回来啦,我是多么地想念你啊!妈妈呀……"他流着热泪立下誓言:一定继承您的遗志,为人类的解放事业奋斗到底,永保红色江山不变色!

扫墓回来,岸英就让舅舅带他到板仓看望乡亲们,对于曾经为安葬妈妈出过力的老人,他再三地鞠躬致谢。晚上,岸英住在当年和母亲住过的房子里,乡亲们纷纷来和他聊家常,直到半夜了也不肯离开。

第二天,毛岸英来到杨公庙,这是他小时候

读过书的地方，这天来了 1000 多名乡亲，把杨公庙挤得水泄不通。他们一来是想看看新中国毛主席的长子，二来是向岸英打听土改的政策。岸英饱含热泪，用嘶哑的嗓子向乡亲们转达了父亲对大家的问候，表达了自己对家乡父老的思念，又凭他多次参与土改工作的经验，向乡亲们耐心细致地讲解土改的政策和农民最关心的问题，乡亲们听得欢欣鼓舞，整个场面像赶集一样热闹。

次日，岸英又前往 70 多里的韶山冲，去完成父亲交给的任务。眼下正是江南最繁忙的时节，天气暖和，空气湿润，道路两旁野花盛开，一片片稻田里农民在忙碌地耕田插秧，牛儿悠闲地吃着沾满小水珠的青草，喜鹊在牛背上跳上跳下……这秀丽的江南春色，田园美景，真像一幅充满诗意的山水画一般。

岸英一踏上韶山冲的土地，立即被这种芳香包围着，浸染着，他被故乡的泥土气息陶醉了，他真想像小时候那样，在草地上打个滚，亲亲故乡的热土，蹚蹚故乡的溪水……

岸英回韶山冲的消息，早已像一股春风传遍

了十里八乡，这对韶山的父老乡亲们来说是一大喜事，韶山人民为此感到骄傲。

岸英大步走向恭候的人群，一张张既陌生又熟悉的脸庞，一声声既亲切又似懂非懂的话语。真是"亲不亲故乡人，甜不甜家乡水"啊！

岸英激动得眼里滚动着泪花，嗓子有些哽哑："阿公、叔叔伯伯、婶婶姑姑，你们好啊，爸爸要我回来看看大家，向你们问好！爸爸身体很好，工作很忙，他一直惦记着你们呢！"

人们审视着岸英，品评着说，"嘿，看那身段，那个头，那笑脸，真像他父"，"朴实大方，没有架子，是个好伢子。"

毛岸英穿着一身洗得发白的旧军装，戴着军便帽，穿一双布鞋，那模样，就像一个农村区乡的转业干部。当年在私塾教过毛泽东的毛宇居老人，是当地有名的秀才，他捋着雪白的胡须一直端详着岸英，然后竖起大拇指说道："不错，不错，个子很魁伟，气质也很像你爸爸！"岸英说："我爸爸特别提过你老人家，以后有机会要接你到北京去住住呢！"

晚上，乡政府招待岸英吃了餐饭。办事人员从小溪里捞了几条活鲫鱼，用豆豉辣椒蒸了一碗，算是头菜，还有的就是酸菜、空心菜之类，乡里也只有这些了，虽然简单，可这是地道的家乡饭呀！

"呷呀，呷呀！"

"夹菜呷饭，夹菜呀！"浓浓的乡音是那样质朴、热情、可亲。

"这次爸爸要我回来，一是向父老乡亲们问好；二是要我告诉大家，不久就要进行土地改革了，贫苦的农民要分田地了，打碎千年的封建锁链，从此就要当家做主人了……"

岸英与乡亲们交谈着，他不时地在笔记本上记下老百姓的想法、要求。夜深了，一盏桐油灯下，人们坐在岸英的周围，向岸英述说着家乡的事情，听岸英讲外面的新鲜事儿，直到过了午夜，陪同的人见太晚了，才说服乡亲们回去睡觉。

第二天一大早，岸英就来到祖父的老屋前，围绕上屋场看了又看，用心感受父亲的衣胞之地。然后，跟着堂叔毛泽连沿着这泥泞的田间小路，一家一家地访贫问苦。

5月，正是湖南的雨季，田间和乡间小路被人和牲畜踩踏得就像塘泥一样又粘又滑。岸英撑一把红油纸伞，没走多远，他脚下鞋子就陷在了泥淖里，于是，他索性脱下鞋子拎在手上，打着赤脚走在田埂上，这样既便捷，又轻快。毛泽连赶上来要给他提鞋，他连忙摇手："要不得，要不得，哪有叔叔给侄儿提鞋的？"

他们来到最困难的农民毛瑞和家，这时毛瑞和老人正生病躺在床上。岸英来到床边关切地问道："瑞和阿公，你家几口人呀？"

毛瑞和有气无力地回答道："大小6口人，嘴巴连起有尺把长。"

"你堂客和细伢子哪里去了？"

老人低头不语，不愿说出难言之隐。

岸英又问："瑞和阿公，你呷饭了吗？"

"我没饭呷呀，家里没米，我又有病……"

岸英心里一阵阵难过。他走到灶边，揭开锅盖一看，只见锅里黑糊糊的东西，他用手捏了几根送到嘴里，"哎，这怎么能吃呀？"

毛岸英眼里含着泪花，从皮包里掏出10万块

钱（旧币折合现在 10 元左右，在当时可以买一担多谷）送到老人手里："瑞和阿公，我没么子东西送你，这点钱你买点粮食吧！"

毛瑞和见一个陌生人给他送 10 万块钱，感激涕零地问毛泽连："泽连，他是谁？"

毛泽连说："他是润之的大儿子毛岸英，润之主席要他回韶山了解乡亲们的情况，特地来看看你的。"

毛瑞和感激地说："毛主席教育的儿子，到底好啊！"

接着，他们又去看九阿公（毛连奇）。九阿公看见岸英打着赤脚，身上的衣服都被雨水淋湿了，很是过意不去。

岸英说："应该来看看九阿公。"当问到他家里口粮情况，怎么度春荒时，也是家里早已断粮。岸英拿出 10 万块钱送给他。后来又到樟树塘毛连桂家，情况几乎都是一样的。岸英很难过，一打听，韶山冲里大多数农民过的都是这种日子。他当即向毛县长提议，要调查一下，有多少缺粮户，想办法，给贫困农民发放点救济粮食，让乡亲们渡过春荒这一关。好容易盼到解放，无论如何不能饿死人呀！

就这样，毛岸英访贫问苦，撒胡椒面似的这家给5万块，那家给10万块，父亲给他的那只鼓鼓的皮包，都发光了。

岸英的最后一站是去棠佳阁，看望祖母家的几位舅舅。离开北京时，父亲特地交代过。祖母家是个大家族，人口众多，听说岸英到来，几位舅舅文涧泉、文运昌、文梅清、文南松等人，早早就在外边等候。岸英逐一拜访了棠佳阁的亲友们，带去了毛泽东的问候。

亲人们按当地的风俗热情隆重地迎接毛岸英。席间，文运昌高举酒杯说："今天岸英外甥光临寒舍，堪称盛会，我等平生难得，实属幸莫大焉，让我们共同举杯为毛主席的健康长寿，为新中国的繁荣昌盛干杯！"

文南松和文运昌还将毛泽东父母的遗像、毛泽东兄弟分别与父母合影的照片，还有1915年毛泽东向文运昌借书的亲笔信，都交给了岸英。岸英含泪致谢。这是他第一次看到祖父祖母的尊容！

岸英拜访完毕，依依惜别棠佳阁，沿着父亲青年时期经常往返于外婆家的路线，踏着父亲的足迹，走在乡间的山路上返回韶山。

　　毛岸英在韶山访贫问苦，调查研究，前后花了6天时间。若不是李克农部长打电话催促回去有新的任务，他真想在韶山多待几天。这里的乡亲，这里的山山水水、一草一木，他是如此地珍爱。

　　岸英回到北京后，随着形势的好转和环境的稳定，埋藏在岸英心中向往已久的到基层、到群众中去工作的心愿又冒了出来。他再次向父亲和周恩来提出下基层的要求，得到毛泽东的同意和周恩来的支持。1950年8月中旬，由周恩来亲自安排他到北京机器总厂当党总支副书记。不过，由于李克农的坚持，这不算是正式调动，只是下放锻炼，人还是属于中央社会部。这期间，岸英还陪同李部长秘密访问了苏联，他在那里见到了老同学和战友，回国时带回了许多关于金属冶炼、机械制造方面的书籍。

　　毛岸英到工厂以后，浑身像有使不完的劲，工作热情极高。白天，他下到又脏又累的浇铸车间和工人师傅们一道干最重的体力活。吃饭时，他和工人们一起到大食堂排队买饭。食堂没有桌子、板凳，买完饭，他便和工人们三个一群五个一伙地扎在一起，或站或蹲，边吃边聊家常、了解情况。晚上，组织工人学习。工人们对这位热情奔放、充满朝气而又随和的青年总支副书记非常喜欢，都愿意和他交往。除了工厂中少数几个领导外，人们并不知道他的来历，更不知道他是毛泽东的儿子。

岸英来机器厂两个月后的一天，悄悄地离开了工厂，很少有人知道去了哪里，连行装都没有带走……

革命家的忠魂

17. 参加志愿军

　　新中国成立之初，百废待兴，百业待举。正当全国人民以极大的热情投入医治战争带来的创伤，整顿社会秩序，发展社会经济，改善人民生活之时。1950 年 6 月 25 日，朝鲜内战爆发。美国政府作出了武装干涉朝鲜内战的决定，并不顾中国政府的一再警告，悍然越过三八线，把战火烧到中朝边境。朝鲜处境危急，中国国家安全受到严重威胁。值此危急关头，朝鲜劳动党和政府多次请求中国政府出兵支援。新生的中国敢不敢迎战当时世界上经济实力最雄厚、军事力量最强大的美帝国主义？这对执政不到一年的中国共产党的领导人来说，是一个极其严峻的考验。

军情十分紧急，压力万分沉重，决策异常艰难。鸭绿江边炮声隆隆，美帝国主义虎视眈眈。毛泽东主席多次主持召开中央政治局会议，研究是否出兵援助朝鲜的问题，多数人主张不能出兵，将帅的人选更是难以确定。

10月4日，国庆节刚过，中央突然派飞机把正在西安的彭德怀接到北京。他一下飞机，专车就把他接到中南海，参加正在召开的研究出兵援朝的中央政治局扩大会议。会议经过反复激烈的讨论、缜密全面的分析，基于支援朝鲜人民反抗美国侵略和保卫中国国家安全的共同需要，最后作出派遣中国人民志愿军入朝参战，同朝鲜人民军一道共同抗击美国侵略者的决策。毛泽东以非凡的气魄和胆略向全国发出了"抗美援朝、保家卫国"的伟大号召，决定由彭德怀挂帅出征。

彭德怀受任后，急忙问道："主席，您看什么时候做行动准备。"

毛泽东思考片刻说："等恩来去苏联与斯大林商妥回来后，你就去东北组建司令部班子。这个仗不简单呀，世人的眼睛都要盯着你彭大将军的。"

彭德怀笑笑说："主席放心，冻饽饽吃不掉也要啃它个稀巴烂。"

几天后，毛泽东以军委主席的名义下达了出国作战的命令，彭德怀被任命为中国人民志愿军司令员兼政治委员。毛泽东仅给彭德怀 10 天的时间准备，即 10 月 15 日就要出动。彭德怀只好就在北京组建一个司令部的小班子，他考虑这个班子要小而精悍，麻雀虽小，五脏俱全。要包括军事、机要、秘书、通信、翻译等人员。由谁来担任翻译，可费了一番周折。开始确定让军委办公厅的一位科长去，后来又根据李克农的意图，作战部部长推荐了毛岸英跟随彭德怀入朝。

自朝鲜战争爆发后，毛岸英就一直密切关注朝鲜方面的战事和中央是否派军队出国参战的问题。当他得知中央已作出决定派兵援助朝鲜，并由彭德怀担任总司令时，心里十分高兴。他特别崇拜彭老总，在这历史关键时刻，父亲派彭老总挂帅，更加激起了他参军的热情。

岸英连夜从工厂赶回家里，见思齐不在家，

又转身赶往中南海。这时已是深夜了，父亲还没有睡，正看着朝鲜的地图沉思。父亲见岸英走进屋来，向他摆了一下手说："李克农打过电话了，看来斯大林的飞机也不保靠。兵是要出的，不然有一天，中国人在美国人面前是会抬不起头的。"

岸英高兴地说："爸爸，听说让彭总挂帅出征，我有个想法，我想参加志愿军，跟他一起去打美国鬼子。"

毛泽东惊奇地望着岸英，停了一会儿说道："你是我的儿子，这个头是要带的！"

岸英得到父亲的同意后，又央求说："还需求您跟他过个话。"

"为么事让我说呢？"

"因为我是毛泽东的儿子，您不跟他说，他是不会带我去的。"

就在彭德怀前往东北之前，毛泽东专门设家宴为他饯行。这天，毛泽东和彭德怀谈完工作，当警卫员把几个菜摆上桌时，毛泽东非要让客人到上座坐不可，并说："我请你彭老总喝的是喜酒呀，是我给岸英娶媳妇时备下的酒，就算祝贺我儿子的结婚周年吧。"

彭德怀满面笑容地连连拱手说："主席，谢谢你，这杯酒我喝定了，在延安时我就想喝岸英的喜酒。"

毛泽东摆下手说："上酒。"

岸英应声走出来，双手捧出一个小酒坛来，酒还没有倒，香气就已飘满全屋。岸英走到彭老总身边叫道："彭叔叔，你好。"他刚要往杯中斟酒，彭老总用双手遮住杯子，笑着说："给主席先斟。"

毛泽东爽朗地笑着说："哪里有先给家人斟酒的道理哟。"

岸英先给彭老总斟完酒，回手又给父亲斟酒。爷俩对看一眼后，岸英放下酒坛悄悄地退出了屋子。

毛泽东和彭老总举杯一饮而尽。毛泽东再给彭德怀斟酒，彭德怀站起身来说："主席，不敢，我应给主席斟酒。"他伸手要去拿酒坛。

"你是我家的客人，这杯酒理应我斟，何况还有所求呢。"

彭德怀喝干杯中酒说:"主席,你这个家很圆满,岸英学习努力,会俄语、英语、德语和法语,还打过仗,当过农民,现在又在工厂里干,真是个有远大前途的好青年。"

"你过奖毛泽东的儿子了。"毛泽东边斟酒边说:"你家不知他家事呀。我和岸英也有过矛盾。不过,最近他倒是帮我分担了不少事。"

彭德怀喝着杯中酒说:"我知道呀,是不是岸英给你处理不少老家乡亲们的来信?还有板仓你的大舅哥杨开智来信,都来向你这个大主席要官当,结果,岸英写了许多回信,都处理得很好。"

毛泽东听后哈哈大笑说:"哎哟,你彭老总的情报好快哟,连毛泽东的家事都探听去了。这可是你夸他呀,我这个儿子不想在工厂干了,他想跟你去打仗,要我批准,我可没有这个权利,你是志愿军司令员,志愿军讲志愿,你看要不要收下我家的这个娃,去当志愿兵?"

彭德怀被主席的一席话说得很激动,他一边给主席杯中斟酒一边说:"主席,美国兵好收拾,由主席你指挥,由我们来打!我知道主席你身边也很需要岸英，他为你处理家事，还为你翻译俄语文章。"

这当儿，岸英不知啥时走进屋来。他从父亲的眼神里好像看出了什么，赶紧上前说："彭叔叔，我给你当俄语、英语翻译是没问题的。"

彭德怀从主席和岸英的话中听出毛主席赞同儿子去朝鲜的意志很坚决，于是诚恳地说："主席，我想出国这开头一仗，真还有点像老虎咬刺猬——找不准在哪里下嘴。我想一定会打得很激烈，也会是很危险的！"

毛主席很严肃地说："你想到朝鲜战场是很危险的，可是毛岸英是我的儿子，这个头我是应该带的，谁让他是毛泽东的儿子呢。"他用手敲了下饭桌。

毛岸英恳切地对彭总说："彭叔叔带我去吧，我在苏联跟德国鬼子作过战，和苏联红军一起攻打到了柏林呢！"

彭德怀转向毛主席，用询问的眼光看着，似乎在问：眼前这个兵，还得由主席亲自作决定呀！

毛主席又说："他是毛泽东的儿子，是要带这个头的。由我替岸英向你求个情吧。"

"那好吧，岸英，我收下你。不过，你要听我的安排。"彭德怀伸手拉毛岸英坐下说："咱们是并肩作战的战友了。"

毛主席摆下手说："岸英，再拿个杯子来，我为你们饯行！"

彭德怀站起身来说："主席，谢谢你的好酒，我向主席保证，这仗一定打好，打胜！"他伸出一双大手，紧紧握住毛泽东主席那扭转乾坤的巨手。

毛岸英已经站在彭总身后，他拿着一件棉大衣对彭总说："彭叔叔，这是给你准备的棉大衣，东北下了一场大雪，天气很冷呀。"

"你不叫我叔叔了，那我就行使我的权利了，你到志愿军司令部工作，在我的身边，就叫你参谋吧。"

按照彭司令员的要求，岸英便开始离开前的准备。他先赶到医院看望了因急性阑尾炎住院的爱人刘思齐，她刚做完手术还在医院休养。一见面，思齐心疼地"责怪"岸英，工作这么忙就不要往医院跑了，再住几天就可以出院回家。

岸英脸上挂着甜蜜的笑容，坐在思齐对面椅子上，两眼盯看着爱人。思齐扑哧一笑说："岸英，傻看个啥呀？不认识了？"

岸英说："思齐，我要去出差，去一个很远很远的地方……估计这次出差时间会很长，你要照顾好自己，一时收不到信也不要着急……另外，我不能照顾岸青，请你帮助多照顾些他……还有，你要多抽出些时间去看爸爸，可别我不在你就不去了。"

思齐说："我知道，你就放心吧。你要多带几件换洗的衣服。"

岸英还想说点什么，但欲言又止。他把思齐的手夹在自己的两手间深情地拍了几下，小声说："我该走了。"说罢，站起身来依依惜别。

思齐把岸英送到病房大楼的门口还不肯止步。岸英用身子挡着外面吹来的寒风说："思齐，你别送了，要着凉的。"说完，上前深情地拥抱了一下思齐，两眼痴痴地看了又看，然后，猛一转身匆匆地走了。

看完思齐，岸英又跑到正在中组部任职的帅孟奇妈妈那里去告别。帅孟奇妈妈是一位老革命，也是一位慈祥的老人，在所有的干部子女中，帅妈妈是最喜欢岸英的。岸英懂事，体贴人，总是跟帅妈妈扯起家常来没个完。他从帅妈妈那里，得到了母亲般的关怀和温暖。

岸英见到帅妈妈，兴奋地说："帅妈妈，我要参加抗美援朝作战啦！"

出于一位久经考验的革命家对岸英的关心爱护，尤其是对毛泽东一家为中国革命作出的贡献的了解，她沉思了一会儿说："我不同意！"

当她知道岸英去朝鲜，是李克农推荐和岸英自己申请，主席已同意了时，也就不好再说什么了。

帅妈妈执意要留岸英吃餐饭再走。这次，岸英没有心思吃饭，他说，还有许多事要办，就依依不舍地告辞了。

临别时，帅妈妈用颤抖的双手抚摸着岸英……帅妈妈叹了口气："岸英，我是不同意你去的，唉！这个李克农啊……既然你爸爸批准你去，你自己也要求到前线去锻炼，那就去吧！"她再三叮嘱道："岸英，炮子儿不认人的啊，你一定要当心一点！"

"帅妈妈，你放心好了！我会好好注意的。帅妈妈，你别为我担心，你自己要多多保重啊！"

毛岸英走后，帅老不停地念叨："毛泽东要把唯一寄予厚望的儿子送上前线，这是何等的胸怀啊！在战争年代，他已失去了5位亲人了：杨开慧、毛泽民、毛泽覃、毛泽建、毛楚雄……"帅妈妈无时不在担心和挂念。那晚，这位老共产党员失眠了。

18. 告别祖国

1950 年 10 月 8 日，一架伊尔型飞机从北京机场起飞，直飞东北沈阳。飞机上，除中国人民志愿军司令员兼政委彭德怀外，还有临时凑起来的小班子，秘书杨风安，毛岸英，作战参谋徐亩元、程普、张养吾、海欧、唐本等人，还有几位苏联军事顾问。彭德怀正襟危坐，不时用手抓挠粗短的头发，好像要从脑壳里抓出一串锦囊妙计似的。他紧闭厚嘟嘟的双唇，心事重重地思考着各种问题。

彭德怀一行来到沈阳和平街一号一幢日式小楼里，他们刚一进屋，金日成派来的特使朴一禹次相便赶到了。见到彭德怀，如见救星似的握着彭德怀的手连声说："彭总啊，你好，我受金日成同志派遣欢迎彭总来了！"

彭德怀问："你们接到毛泽东的电报了吗？"

"接到了，金日成首相委托我向你传达他的要求，朝鲜党、朝鲜人民希望彭总尽快率兵入朝。"

朴一禹简单地介绍了目前的战况后，说道："美军已经越过三八线，快要推进到平壤附近了，金日成已经撤退到德川……"彭德怀越听越着急，不断在心里念叨："糟糕，不妙，危险！"

彭德怀最关心的是苏联的态度，他迫不及待地问朴一禹："向苏联请求出兵了吗？"朴一禹说："请求了，但没有回音。我们还在继续要求苏方出兵……"

送走了朴一禹，彭德怀又听取了东北军区物资准备情况和第 13 兵团部队集结的情况，最后把他带来的人马叫过来开会。他环视着每张面孔，沉默了一会儿说："我们马上就要参战了，你们都有些什么想法没有？"

大家互相看着，程普见大家都不说话，便说道："没有什么想法，听老总的，为老总服好务。"

彭德怀不满意地说："怎么是为我服务？应该是为那即将来临的反侵略战争服好务！"

毛岸英见彭老总有些不高兴，连忙接过话："老总，你是司令员，我们把你交办的事办好，就是为战争服务。"

"好，岸英呀，你要求来朝鲜战场前线，我很高兴。我们需要与苏联大使馆和军事顾问团经常联系沟通，你么，就是我的秘书，除负责与苏联顾问联络的翻译外，兼作战室机要参谋，分管收发电报和做些文字工作。另外，我们对外只说你是我的秘书，不讲你是毛泽东的儿子，这样有利于工作，你同不同意？"

岸英兴奋地说："我同意，服从命令听指挥！"

彭德怀对其他人说："大家都不要向外讲毛岸英的身份，口要严。"最后，对每个人进行了分工。

10月10日清晨，毛岸英一行人随彭德怀乘火车由沈阳来到安东，他们一下车，便在东北军区和13兵团负责人的陪同下来到鸭绿江边桥头视察。毛岸英跟随左右，以多思少说的态度，摆正自己的位置。

江对岸便是朝鲜的新义州，一座铁桥，把两国紧紧相连。几天前还是一座和平安宁的美丽城市，美军越过三八线后，出动大批轰炸机，向城里扔下数千枚炸弹，把这座城炸成了一片废墟。

彭德怀用望远镜扫描，尽收眼底的是残垣断壁。他叹了口气，再看看横跨在鸭绿江上的大铁桥，还是完好无损。这时他想到，一旦美国人发现中国军队进入朝鲜，肯定首先炸铁桥，其次轰炸安东。于是，他和第13兵团首长商议，决定4个军和3个炮兵师同时开进朝鲜，以防断桥后支援困难。

商议的结果用电报立即发给毛泽东。这时，彭德怀突然萌发了要去见金日成的想法。于是，初步拟定次日（10月11日）过江去会见金日成。

晚上8点钟，他又给毛泽东发了一份请示电报：

> 还有不少具体问题，须与金日成同志面商解决，拟明（十一日）晨经安东前往德川。特报。

电报发出不久，就收到毛泽东出人意料的来电：

彭高、邓洪韩解：

（一）十月九日命令暂不实行，十三兵团各部仍就原地进行训练，不要出动。（二）请高岗、德怀二同志明日或后日来京一谈。

毛泽东
十月十二日廿时

10月13日，毛岸英随彭德怀、高岗一同赶到北京。下午，中南海颐年堂，党中央再次召开政治局会议。毛泽东首先将周恩来从苏联发来的电报给与会者传阅，全场哑然，每个人都感到焦虑。原来是斯大林变卦了。中苏两党两国作出共同支援朝鲜的决定，中国出陆军，苏联出空军。现在中国的陆军已经兵临鸭绿江边，整装待发，箭在弦上，正等待苏联空军的配合，以击败美国的海陆空优势。就在这个节骨眼上，斯大林以"空军没有准备好，暂缓行动"为借口，拒绝履行诺言。

毛泽东说道："形势发生了变化，我军在一个时期内不可能有制空权，志愿军还要不要入朝作战？参战与不参战的利害关系如何？请大家再议一议。"

毛泽东讲完，大家的目光都转向志愿军司令员彭德怀。

彭德怀感到了这种期待，他说道："苏联不出动空军，志愿军还是应该入朝作战。现在不入朝，等美军打到了鸭绿江边，封锁了江面，那时再打就被动了，我们的损失将会更大。既然这场战争不可避免，我还是那句话，晚打不如早打。"他停了停，又提高嗓门说："麦克阿瑟狂妄得很，他没有估计到我们会出兵，自古道，骄兵必败，他此乃犯了兵家大忌。"

毛主席以坚定的语气说："我支持彭德怀同志的意见，尽管情况有变化，志愿军入朝参战是必要和有利的。"

中央政治局会议一结束，毛主席给远在苏联的周恩来发去了电报：

（一）与高岗、彭德怀二同志及其他政治局同志商量结果，一致认为我军还是出动到朝鲜为有利……

（二）我们采取上述积极政策，对中国、对朝鲜、对东方、对世界都极为有利；而我们不出兵，让敌人压至鸭绿江边，国内国际反动气焰增高，则对各方都不利，首先是对东北更不利，整个东北边防军将被吸住，南满电力将被控制。

……

总之，我们认为应当参战，必须参战。参战利益极大，不参战损害极大……

10月14日，岸英紧张地忙完工作之后，挤出时间，骑着他那辆破旧的自行车，回了一趟他原准备大干 10 年的北京机器总厂。由于时间紧迫，又是秘密出国，岸英只见了厂长胡光。

他没有绕弯子，开门见山地对胡光说："我国决定出兵朝鲜。我有紧急任务，马上就走。我负责的那块工作，请总支再安排一下吧。我的东西，留在这里都不要拿，不要因为我走了而影响大家。"

岸英从机器总厂出来，又骑车去北京医院看望了一下还在住院的妻子思齐。思齐一见岸英，便高兴地问："你不是出差了吗，啥时回来的？"

岸英说："我刚回来，明天还要走。"

思齐一听，关切地问："又要到哪里去呀？"

岸英怕她担心，就没有告诉她，岔开话题关心地问她手术后的感觉如何，吃的流食还是普食，胃口好不好，伤口还疼不疼？还嘱咐了她一些需要注意的问题。

他们婚后的这一年，离多聚少。岸英实在太忙，把精力和热情都使在工作上了。思齐理解丈夫的工作性质，对他的来去匆匆也习惯了。她从岸英的话语中听得出来，这次又是去执行一项特殊的任务，但不知又要走多久，丈夫不说她也不便多问，只是觉得一种难舍的依念。今天是他们结婚一周年纪念日。

思齐看到岸英带在身上的那支钢笔已经裂口了，就说道："你工作忙，要写的东西多，我还有支派克钢笔在妈妈那里，你有时间去拿着用吧。"

岸英说："正好，我一会儿就到妈妈那里去，顺便看看她老人家。"

岸英又匆匆赶到岳母张文秋的家。岳母是位革命老干部，岸英对她很敬重，也很信任，对她是从不隐瞒什么的。于是，岸英直率地说道："妈妈，我要出国去朝鲜了，今天是特地来向您告辞的。"

对女婿的选择，做岳母的非常理解，也不好多说什么，只是说："岸英啦，战场是残酷的，你在那里要多注意安全呀，我们望你早点回来！"

拿到思齐的那支派克钢笔，他们又聊了一会儿，岸英见时间不早了，抬手看表，那块老爷表已经"罢工"了。岸英心想，这怎么行呢？到前线作战，没有一块走得准时的手表，工作多不方便啊！他忽然想到岳母那儿有一块自动手表，便不好意思地请求道：

"妈妈，我这块手表不顶用了，您那块自动表先借给我用一用，等回国后再还给您，好吗？"

岳母的这块手表是朋友赠送的，她一直珍藏着舍不得用，岸英一提起，她立即找了出来，深情地说："那我就送给你吧，哪有女婿要丈母娘的东西还要还的，这就算妈妈送你的纪念物！"

岸英接过手表，对准时间，欣慰地笑着说："谢谢妈妈，您真好！"岸英推出自行车，三步一回头地惜别岳母。

10月15日，飞机又载着彭德怀、高岗和毛岸英等人飞回沈阳。16日，彭德怀召开紧急会议，传达中央的指示，决定19日过江。

本来，第13兵团已在安东西边的老洼岭构筑了工事，准备把志愿军司令部设置在这里，彭老总不同意，他的习惯是前线在哪里，他的司令部就在哪里。不仅如此，他还提出进入朝鲜后，亲自去找金日成会谈。这让司令部的人感到愕然，那些身经百战的将军，也不知所措。但他们早已熟知彭大将军的脾气，所以，也没有人敢去劝说。

1950年10月19日傍晚，岸英和战友们目

送彭德怀上了吉普车，秘书杨凤安、警卫员郭洪光、黄有焕也随后上车向鸭绿江下游的长甸河口镇驶去，毛岸英搭乘志愿军政治部首长的车，从长甸河口的清城桥上渡过鸭绿江。

长甸河自古以来就是鸭绿江下游的一个重要口岸，它的对岸就是朝鲜的清城郡。早在日伪时期，日军为了强化对中朝两国的侵略和奴役，在此处修建了清城桥，从此也成为连接中朝两国的重要通道。

当毛岸英乘车从清城桥上轻轻驶过时，深秋的寒风从他脸上吹过，他感到了一丝寒意，又听到车轮碾过桥面的咔咔声和鸭绿江水流动的哗哗声。他不时地、恋恋不舍地回头眺望，心中默默地向渐渐远离的祖国告别：祖国，母亲，再见了！

19. 烈火中永生

汽车经过的村庄、城镇、桥梁、道路差不多

都被敌机轰炸过，简易公路上的弹坑大大小小连成一片，到处都能见到向北撤退的人群，也分不清是军还是民。

岸英乘坐的汽车沿着山路，贴近鸭绿江往东走，不一会就与彭总的车会合了。他们驱车200多公里，于20日早晨天边刚冒红时，到达一个叫大榆洞的地方。这里夹在南北两山之间，一条东西走向的深沟，在南山的一条小沟岔子旁边，有一个废旧的铜矿洞，志愿军总部就设在这里。洞口侧上方50多米处有一个长方形的木板房，这就是彭老总的办公室兼作战室。

彭总一到这里，就急忙指挥各部队快速进入指定位置，布置第一次战役。

此时，以美军为首的所谓"联合国军"和南朝鲜军越过三八线以后，于10月19日占领了朝鲜首都平壤，这使"联合国军"变得更加趾高气扬。麦克阿瑟认为，平壤是朝鲜的首都，它的陷落，象征着北朝鲜彻底失败。于是，宣称"感恩节"前结束朝鲜战争。25日，志愿军先头部队第40军118师在两水洞与南朝鲜第6师遭遇，打响了入朝作战的第一枪，很快就吃掉敌人一个步兵营和一个炮兵中队。

听到遭遇战胜利的消息后，彭总高兴地说："打得好！打得好！这是118师和40军的光荣啊。"

这时，志愿军第39军主力，也咬住了正在云山的美骑兵第1师，按计划原打算当晚7时30分发动总攻。当侦察员发现敌人已开始调动兵力时，及时向军首长报告情况，军首长请示是否提前投入战斗，彭总当机立断，同意下午5时发起攻击！

战斗在敌人毫无防备的情况下和正得意忘形之时打响了，一时打得敌人措手不及，晕头转向。此次作战，志愿军歼灭美军骑兵第1师8团大部及南朝鲜第1师15团大部，毙伤和俘虏敌军共2000多人，其中美军1800多人，还缴获坦克、汽车、大炮及许多轻重武器近万件，飞机4架。

毛岸英跟随彭德怀司令员赶到云山视察，当他看到缴获的美军坦克时兴奋不已，他钻进驾驶舱爬上爬下地看不够。对彭总说："司令员，我真想像攻克柏林那样，驾着坦克把美国佬赶回老家去。"

彭总拍了拍他的肩膀："你现在是我的大秘书，要做的事多着呢，等我们彻底打败美国佬后，我一定让你开着美国坦克回家去。"

第一次战役进行得很顺利，为了给骄横的麦克阿瑟连续深重的打击，志愿军总部的首长们几乎是夜以继日地工作，他们一边指挥部队作战，一边研究第二次战役的部署，并把准备大举进攻的方案报给毛主席和中央军委。

很快收到毛主席的回电，岸英把电报呈送给彭总时，彭总高兴地看着岸英说："军委、毛主席完全同意我们的打法。可见我们这些天日夜辛苦没有白熬，眼下我军士气高昂，这是打好这一战役的关键呀！"

自从第一次战役打响后，岸英就对眼前这场战争充满了信心，而对驾驭这场战争的主帅彭德怀司令员，更是钦佩得五体投地。彭总日夜思考太辛苦了，让人看着心里都疼。

他很想把跟随彭总入朝来的感受写信告诉父亲，把亲眼看见彭总这位老将军，累得时常用双手按鬓角，双手捣胸脯，脸憋得通红，有时还咳出血来的情景写出来。他曾对彭总说："彭总，看你把心血快熬干了！"彭总摇头说："岸英，我吐一口血不要紧，想周全一些、少失误，可能就会让战士们少流血呀。"

他又是多么想把自己这次朝鲜之行的经历和感想告诉爱人啊。岸英一阵思考之后，刚取出爱人送给他的派克钢笔，笔还没有落在纸上，防空警报汽笛拉响了。从响动听出敌机临近了，是从东海岸飞来。毛岸英赶忙往山下松林里跑去，他们刚钻进松林，就见离他们不远的东林里小村子被敌机轰炸了，立刻冒起滚滚浓烟……

11月7日，第一次战役刚结束，朝鲜民主主义人民共和国金日成首相与苏联驻朝大使就来到大榆洞与彭总会谈，毛岸英担任翻译工作。他用流利的俄语翻译了彭总介绍的志愿军第一次战役的情况以及发动第二次战役的计划。

会谈后，第二次战役就在紧张的气氛中正式打响了。

在志愿军司令部里，毛岸英除担任翻译工作外，还分管文电的收发、报告的起草，一天到晚总是忙个不停。

当时"彭总作战室"的组成人员有西安来的张养吾、杨凤安，有总参谋部来的成普、龚杰、徐亩元，还有第13兵团的丁甘如、杨迪，等等，加上毛岸英一共10多个人。在成立党支部时，毛岸英被大家一致选举为支部书记。

不久，张养吾要调回国内，他的工作由西北军区司令部来的高瑞欣参谋接替。一天，张养吾看到岸英脚上穿的鞋子有一只没了后跟，那是前几天在雪地里打湿后，岸英在火炉边烘烤时烧坏的。他便拿出自己舍不得穿的一双鞋说："看你鞋子都破了，换上这一双吧。"

岸英说："我这还能穿，不用换了！"

张养吾把鞋塞到他手中，继续说道："还有，我走了后，有一点你要注意些。"

"什么事？你说吧。"

"你要照顾好自己，夜里不要看书和加班太晚。还有……也是最重要的，一定要注意防空，千万不能大意！"

"嗯，你放心吧。"

对于志愿军司令部在朝鲜的防空问题，远在北京的毛主席及中央军委，曾多次告诫彭德怀加以注意。入朝一个多月来，连续4次在电报中指出"速建可靠的防空洞，保障司令部的安全"，"指挥所应移至安全地点，现在的位置不好"的问题。11月21日，中央又一份专谈志司防空问题的电文，经毛主席和刘少奇、朱德、陈云和代总参谋长聂荣臻审阅后，于当晚9时发给志愿军司令部。

11月24日，毛主席再次致电彭德怀等人，请你们充分注意领导机关的安全，千万不可大意。

就在这天下午，两架绰号叫"黑寡妇"的美军侦察机，在大榆洞上空盘旋了一个多小时，情况异常，大家估计美军侦察机可能发现了这里是个轰炸目标，于是，志愿军司令部首长研究决定，次日凌晨4时前开饭完毕，天亮后不准冒烟，除作战室值班脱不开身的外，其他人员一律进入防空洞，疏散隐蔽。

天亮时，解方参谋长领着司令部的同志，躲在南山的一座大矿洞里，杜平主任领着政治部的几位同志钻进山沟里的一座地下涵洞，其他总部首长的藏身之处则是距"彭总作战室"二三百公尺外一座小矿洞。

24日夜，对志愿军总指挥部而言，是重要而忙碌的一夜，为实现第二次战役的战略意图，彭德怀与其他首长在作战室研究敌情，调兵遣将，发布命令，要求各部队按时进入指定位置，作好25日黄昏发起战役进攻的准备。"彭总作战室"全体成员，包括毛岸英在内，一直忙到后半夜才休息。彭总就睡在作战室里用芦席围起的一张行军床上，除留下警卫和值班人员外，其他人员都回到各自的山洞里睡觉去了。毛岸英和高瑞欣一直睡到9点多才起来，早饭也没赶上吃，就回到作战室处理昨晚还没做完的工作。

25日上午11点钟左右，4架美军野马式战斗轰炸机"嗡嗡"地向这里飞来，先是掠过志愿军总部上空，就向北飞去了。这时，正负责当天作战值班的司令部办公室副主任兼作战处副处长成普和徐亩元，急忙跑到正在行军床上睡觉的彭德怀身边："彭总，敌机来了，赶快防空！"

彭德怀睁开惺忪的睡眼，唬着脸，呛了成普

一句："怕什么怕，你这么怕死呀！"

一句话把成普噎住了。恰好这时，洪学智副司令员从防空洞里跑到了作战室。他也是看到敌机以后赶来叫老总的。成普就像见到了救星，催他赶快把彭老总叫起来。

在志愿军总部里，谁都知道只有洪副司令不大怕彭德怀。洪学智是个乐天派，分管后勤保障，常常在嘻嘻哈哈中就把正事办妥了。他平时喜欢和老总开玩笑，这又增加了一分他们关系中的亲昵。洪副司令先是吩咐大家收拾地图等彭总的东西，送到防空洞去，然后走到彭总的床边，催促道："彭老总，快快快，快躲飞机去！"

彭德怀见洪学智又来催，笑骂道："你这个麻子啊，这么怕死啊！"

"不是我怕死，而是觉得有点不对劲，还是赶快躲一躲吧。"说着，不管三七二十一，上去就掀掉了彭老总的被子，然后从背后把他抱起来，和成普、杨凤安一起且扶且挽，边拉边拽，勉强把彭总拉出了作战室。

"我的地图呢？"彭总嚷道。

洪学智说："都拿上去了，快走吧，老总。"

把彭老总送到了防空洞，这才让成普松了一口气。这时，作战室里还有些东西没拿完，他和毛岸英、高瑞欣又再次回到作战室。不一会儿，敌机从北边又飞了回来。听到响声，成普心里产生了疑窦：敌机刚刚北去又折回，莫非它们搜寻的就是志愿军总部这个目标？他几步跑到门口探头一望——好快啊！那4架敌机已经飞临作战室的上空了。不仅是飞机，还有一排排银白色的亮点，这不是一般的炸弹！而是用铝皮包裹的凝固汽油弹。他大声喊道："不好！快跑！"话音未落，几颗炸弹已砸向了作战室的房顶，顿时，熊熊烈火奔腾涌起，眨眼间蔓延成一片火海！他被爆炸掀起的气浪掀倒在沟里，半边衣服烧着了，半边脸也烧脱了皮，幸好没有晕厥，他迅速就地向没有火的方向滚去。

看到作战室被炸并燃起了熊熊大火，司令员、副司令员、参谋和通信警卫人员都从防空洞跑了出来观望。彭德怀焦急地问："都跑出来了吗？"杨凤安说："可能还有毛岸英和高参谋没跑出来。"

他们在火海外围急得连连跺脚。但是，烈火

中心的温度高达 800 多度，别说是冲进去，就是站在远处都感到一种难耐的灼烫。

"毛岸英！高参谋！"

"高参谋！毛岸英！"

这揪心悲切的呼唤声，丝毫没能减小那猛烈的火势……

大火扑灭了，木屋作战室已不复存在，人们从废墟中找到两具烧焦的遗体，已辨认不出烈士的模样，只能从一只烧剩的表壳和一枝小手枪，分辨出了毛岸英的忠骨……

毛岸英牺牲的当天，彭德怀怀着沉痛的心情，专门向中央军委作了汇报。一封短短的电报，他足足写了一个多小时。

我们今日 7 时已进入防空洞，毛岸英同 3 个参谋在房子内，11 时敌机 4 架经过时，他们 4 人已经出来。敌机过后，他们 4 人返回房子内，忽又来敌机 4 架，投下近百枚燃烧弹，命中房子，当时有两名参谋跑出，毛岸英及高瑞欣未及跑出被烧死，其他无损失。

20. 青山处处埋忠骨

周恩来看到电报愣住了。事情来得太突然，太残酷，以致他看完电文后，心和手都颤抖起来。他眼里噙满了泪水，黯然许久，再三斟酌来电后，才在上面批阅：

刘（少奇）朱（德），因主席这两天身体不好，故未给他看。

直到 37 天后的 1951 年 1 月 2 日，周恩来才转去志愿军司令部 11 月 25 日的电报，并附了一封信给毛主席和江青："毛岸英的牺牲是光荣的，当时因你们都在感冒中，未将此电送阅……"

信和电报是由江青和机要室主任叶子龙呈送给毛主席的。当时，毛泽东坐在沙发上，听到消息先是一怔，盯着叶子龙和江青一声不响。江青和叶子龙不敢说第二遍，也不好说什么劝慰的话，不约而同地垂下了头。

良久，毛泽东眨了一下眼，目光缓缓移动，望着茶几上的烟盒。他去拿烟，两次都没有将烟从烟盒里抽出来。李银桥忙帮他抽出一支烟，再帮他点燃，他使劲抽起来，抽完一支又接一支。当他吸完第二支烟，把烟头熄灭在烟灰缸里后，用略带沙哑的声音叹息道："唉，谁叫他是毛泽东的儿子呢……"

毛泽东久久地站在窗前，凝望庭院里那萧疏的垂柳……忆想着毛岸英短暂的一生，这次自己要求去抗美援朝，保家卫国，代替爸爸尽国际主义的义务，可怎么会……

"岸英！岸英！"毛泽东情不自禁地喃喃着……接着又叹息了一句："唉，谁叫他是毛泽东的儿子呢！"说完轻轻地吟起《枯树赋》：

> 昔年种柳，依依江南；
> 今看摇落，凄怆江潭；
> 树犹如此，人何以堪！

毛泽东没有掉泪，又点燃一支烟，开始听江青汇报儿子牺牲的经过……

听完后，他交代了一句："这个，不要急着告诉思齐了。"

……

"主席！"秘书走进来小声说："总干部部向彭总发去了电报，要求将岸英的遗骨运回国内安葬。彭总不同意这样做，他还给总理写了一封电报。"

停了一会儿，秘书又凑近主席身边，轻声说："朝鲜金日成首相来电，向主席表示安慰，他说岸英同志是为朝鲜人民的解放事业而牺牲的，也是朝鲜人民的儿子，他要求把岸英葬在朝鲜。"

毛泽东强忍着悲痛，想起岸英赴朝鲜时，他因为工作繁忙，未能见上一面，谁知竟成了永别！儿子活着不能相见，就见见遗体吧！然而，这种想法很快就被打消了。他轻声说道："我的儿子死了，我当然很悲痛，可是，战争嘛，总是要死人的。朝鲜战场上，还有那么多的优秀儿女献出了生命，他们的父母难道就不悲痛吗？他们就不想再见一见儿女的遗容吗？岸英是我的儿子，也是朝鲜人民的儿

子，就遵照德怀同志和朝鲜同志的意愿办吧。"

秘书将记录稿交主席签字时，主席下意识地踌躇了一会儿，那神情分明在说，岸英难道真的不在了？父子真的不能见面了？他默然的目光转向窗外，右手指了指写字台，示意秘书将电稿放在上面。

第二天早上，秘书来到毛主席的卧室。毛主席已经出去了，放在枕头上的电文稿写着一行醒目的大字：

青山处处埋忠骨，何须马革裹尸还。

电文稿下是一片被泪水打湿的枕巾。

当时因战事紧急，毛岸英和高瑞欣烈士就安葬在大榆洞的山头上。直到朝鲜停战以后，他们的忠骨才迁葬到朝鲜桧仓郡中国人民志愿军烈士陵园里。

1951 年 2 月中旬的一天，彭德怀接到毛泽东主席的急电："彭德怀同志，接电后速返北京，商量要事。"

彭德怀司令员急忙安排完工作，带着一身硝烟，风尘仆仆地从朝鲜战场回到北京。

此时，他的心情是复杂的，几十年南征北战，与主席结下了深厚的战友情谊。彼此不分你我，平时言笑不拘，有时争吵几句，过后从不介意。唯有这次主席召见，真为难了彭大将军。中央管理科的同志将他安排在北京饭店下榻，他躺在舒适的沙发床上，翻来覆去睡不着，心里总有一种不安。

自从平江起义后，在茨坪第一次见到毛代表，彭德怀就为毛泽东的豪放性格、雄才大略肃然起敬，决心永远跟着伟人走。从井冈山到延安漫长艰难的革命斗争岁月，毛泽东时刻关心着彭大将军的生活起居，饥饿时，送去几个红薯；天寒时，送去一件皮袄；作战时，怕他睡不好，送去一架行军床；在每次重大的战略部署中，对彭大将军的每一个意见，他都仔细研究分析，逐字逐句斟酌推敲。主席对他的器重信赖，更增添彭德怀对领袖的崇敬和爱戴。

他索性从床上爬起来，披衣伫立窗前，凝望中南海"丰泽园"的灯光，他想，主席也许还在运筹国内外大事，或在为爱子的牺牲悲切不眠！此时的毛泽东并不在中南海，而在玉泉山。

2月21日，北京城下了一场大雪，到处银装素裹。午后4时许，一辆银灰色的小轿车，急速驶向玉泉山。车在一座小楼前稳稳地停下了，彭德怀这才从思绪万千中回过神来，他沉重地迈下轿车。

"老彭，你辛苦了！"

彭德怀一抬头，只见主席身披大衣，脖子上围着一条羊毛围巾，像一尊铜像，伫立在小楼门口热情地向他问候。主席到门口接客施大礼，让彭德怀受宠若惊，他大步迎上前，激动地说："主席，外面天冷，快快进屋！"

毛泽东爽快地笑道："梅花欢喜漫天雪嘛，你老彭在朝鲜冰天雪地里就挨得过，我在这玉泉山还怕冷？"

当彭德怀要行军礼时，主席情不自禁地抓住他的手说："应当是我给你敬礼嘛！"

他俩从寒冷的门口，边说边走进了温暖的室内。卫士正要给彭老总沏茶，主席忙抢过水壶：

"这杯茶应该由我来沏呀！"

彭德怀擦着厚实的大手赶紧致谢："多谢主席。还是我自己来吧。"

"不请你喝酒，敬你一杯清茶嘛。你在朝鲜难得喝上一盅龙井茶呀。"主席把热气腾腾的杯子送到彭德怀手中，兴奋地说："你在朝鲜打出了中国军队的威风，我高兴呀！"

彭德怀心里踏实多了，他像平时一样顺口说道："主席，朝鲜的仗，按照你的部署打，是打胜了，只是我没有保护好岸英，很是痛心！……"

"你莫要讲啰，莫讲啰……"主席打断了彭德怀的话，起身踱到窗边，眺望窗外那皑皑白雪……

彭德怀沉痛地说道："主席把岸英交给我，我没有照顾好，对不起主席呀，我向你负荆请罪了……"

主席刚才神采奕奕的神情倏地变得消沉了，双眸闪动了几下，扶在沙发背上的大手一阵颤动。

彭德怀看在眼里，心里却犹如被一把巨钳夹住，揪痛、滴血……

毛泽东转过身来在室内踱了几步，回过头对

彭德怀平静地说："我请你回来，是想听听前方的具体情况，探讨下一步棋该怎么走稳妥。你不必为岸英的牺牲而忧虑不安。打仗哪有不死人的，志愿军战士死了成千上万，不要因为岸英是我毛泽东的儿子，就当成一件不得了的大事……打仗死人这是经常发生的事嘛，我要怕他阵亡，就把他留在中南海了。"

"主席——"彭德怀万分激动，他想宽慰主席几句，却被主席劝慰了，他还能说些什么？彭德怀背过脸，看着窗外的大雪，立刻想起冰天雪地的朝鲜战场，想到岸英牺牲时的情景，一颗硕大的泪珠从他的脸颊掉了下来……

毛泽东长长地叹了口气，回忆着岸英短暂的一生："岸英是 1922 年 10 月 24 日，阴历九月初五出生在长沙，他生下不久后就跟我们一起去过上海、韶山、广州、武汉等地，后来跟开慧同志一起坐牢。开慧牺牲后，他又带着两个弟弟一起在上海街头流浪。他的一生经历了不少艰难困苦。"稍停片刻，主席扳着指头算了一下说："岸英牺牲的时候，刚满 28 岁。"少顷，主席又继续说道："革命战争，总是要付出代价的。岸英是中国人民志愿军的一位普通战士，为了国际共产主义事业，献出了年轻而宝贵的生命，作为无产阶级战士、共产党员，他尽到了自己一个共产党员应尽的责任。不能因为他是我的儿子，就不能为中朝两国人民的共同事业而牺牲，世上没有这样的道理呀！哪个战士的血肉之躯不是父母所生？！"

彭德怀默默地听着，眼里饱含泪花，心情十分沉痛。

彭德怀向毛主席和中央其他领导人汇报了朝鲜战场的情况后，又聆听了主席对下一步作战的指示。心里时刻牵挂着朝鲜战场的变化情况，吃不好饭，睡不好觉。3月初就返回到朝鲜前线。

21. 父爱无疆

毛泽东强忍着内心巨大的悲痛，把全身心倾注在党、国家和军队的大事上。然而，儿媳刘思齐每周必到的拜晤，对他简直是一场感情上的灾难和折磨。思齐每次回来，总要从爸爸那里打听岸英来信没有？前线战况如何？岸英为何不给她来信……爸爸总是强颜欢笑，装得若无其事地宽慰她，开导她。

岁月无情！尤其是沉浸在思念和情感重压下的人，日复一日，月复一月，在长达两三年的时间里是何等的煎熬！毛泽东作为父亲，不能也不愿一直总扮演世上最难演的角色。终于在岸英牺牲两年后的一天，他向思齐诉说起毛家为革命牺牲了的烈士：杨开慧、毛泽民、毛泽覃、毛泽建、毛楚雄，还有韶山党支部的毛福轩……思齐越听越不对劲，抗美援朝战争打了几年了，为何一直没有岸英的只字片言？而爸爸又迂回曲折地谈起毛家牺牲的烈士，难道岸英他……她简直不敢往下想了。

这天，她离开中南海时，心慌意乱，心里如十五只吊桶打水，七上八下。她有一种不祥之兆，连忙跑去问妈妈。妈妈也是含糊其词，还一个劲地安慰她。

又过了几天，思齐说好再去中南海看爸爸，而这次，毛泽东和李敏则把周恩来、刘思齐的妈妈也请来了，他们准备一起把岸英牺牲的消息告诉她，一起安慰在苦苦等待和煎熬中的思齐。说话间，周恩来委婉地告诉思齐："为抗美援朝，保家卫国，成千上万的志愿军战士牺牲了自己宝贵的生命，人们是永远不会忘记他们的。岸英也是其中之一，思齐同志，岸英不在了！你要节哀呀！"

这些天的不祥预感最终从周恩来的话中得到证实，她犹如五雷轰顶、万针刺心。痛不欲生的思齐伏在毛泽东的肩头失声痛哭起来。毛泽东木然地坐着，脸色苍白，心潮翻滚。这时，思齐的妈妈过来劝慰，李敏也过来搀扶，当李敏的手碰到毛泽东的大手时，心里一惊，她对思齐耳语道："思齐，你要节哀，爸爸的手都冰凉啦！"思齐一愣，又哭着去安慰爸爸……

"爸，这 100 多个星期，您是怎么熬过来的呀？"

"是爸爸不好啊，早该告诉你了，可我张不出这个口。"

"爸，周叔叔，妈妈，我挺得住。"

"思齐，你要哭就大哭一场吧，为自己亲人流泪，不丢脸！"

"爸，我们的命怎么这么苦呀……"

"娃，给毛泽东当女儿难那。不是爸爸不通人情，上有天下有地，我们只能顶天立地地活着，给我们的人民做出个好样子。"

巨大的感情打击和精神刺激，刘思齐病倒了，她寝食难安，神经衰弱。不久，经组织上批准，思齐准备赴苏联一边休养一边留学，到她爱人曾学习和生活过、战斗过的地方去，寻找一丝慰藉。

赴苏前，思齐在病中给爸爸去了一封信，毛主席看到后，马上回信。

思齐儿：

信收到。患重感冒，好生休养，恢复体力，以利出国。如今日好些，望来此一看，否则不要来。最要紧是争一口气，学成为国效力。

你要的列宁选集两卷，给你送上。

祝好！

父字

一九五五年八月六日

刘思齐赴苏联留学后，经常给爸爸写信汇报学习、生活和思想，毛泽东无论多么忙，都很快给她回信进行鼓励、宽慰和循循善诱。

直到 1961 年，毛岸英牺牲 10 年了，刘思齐仍然孤身一人。毛泽东多次劝她找个合适的男朋友，早些结婚。也不断有人给她介绍对象，可她总是婉言相拒。毛泽东在信中说道：

……你为什么老劝不听呢？下决心结婚吧，是时候了。五心不定，输得干干净净。高不成低不就，是你们这一类女孩子们的通病。是不是呢？……

在慈父的关爱和催促下，刘思齐终于在 1962 年年初重建了一个美满幸福的家庭。节假日里，每当她带着孩子来到毛泽东身边时，老人家总是乐不可支，心里充满了无限的温暖。孩子们喊叫爷爷的笑声，抚慰着他心头的创伤。看到眼前的情景，毛泽东将李白的诗手书了四句给思齐：

> 登高壮观天地间，
> 大江茫茫去不还。
> 黄云万里动风色，
> 白波九道流雪山。

后　记

　　2020 年 10 月 23 日，纪念中国人民志愿军抗美援朝出国作战 70 周年大会在北京隆重举行，中共中央总书记、国家主席、中央军委主席习近平发表了重要讲话，高度赞扬了在那场伟大的战争中，英雄的志愿军指战员们，以英勇顽强、赴汤蹈火、浴血奋战、视死如归的精神，打败了不可一世的以美国为首的"联合国军"，谱写了气壮山河的英雄赞歌，创造了人类战争史上以弱胜强的光辉典范。这一伟大胜利，打出了新中国的国威和人民军队的军威，极大地提高了中国的国际地位，增强了中华民族的民族自尊心和自信心，有力地维护了亚洲以及世界和平。在那残酷的战争中，19 万多优秀中华儿女献出了宝贵的生命，其中就有伟大领袖毛泽东的儿子毛岸英。

毛岸英虽没有像黄继光、杨根思、邱少云那样英勇壮烈，但作为开国领袖之子，积极征召，参加中国人民志愿军奔赴抗美援朝第一线的伟大壮举，让世人震撼。他平凡而又极不平凡、不断拼搏奋斗的一生，更值得颂扬和世人怀念。我怀着无比崇敬的心情，广泛收集、细心研读有关毛岸英的文献资料，用心梳理和遴选他的感人故事，多少次眼泪盈眶、掩卷沉思，并以粗浅的笔墨将毛岸英的故事呈现给读者分享。

在编写过程中，得到军事科学院军队政治工作研究院领导和机关的大力支持；赵一平、康月田、张明金、李平、李博、陈政举、赵日明、王润阶等多位专家学者进行了审读，提出了宝贵的意见。

主要参考书目有：《毛泽东年谱（1893—1949）》（中共中央文献研究室编／中央文献出版社）、《抗美援朝战争史》（军事科学院编／军事科学出版社）、《毛岸英之歌》（郭智荣著／陕西人民出版社）、《毛岸英》（杨大群著／沈阳出版社）、《见证毛岸英》（金振林著／河南人民出版社）、《我的伯父毛岸英》

（毛新宇著／长城出版社）、《毛岸英》（韩毓海、张丽、王钧钊等著／人民日报出版社）、《杨开慧烈士传略》（长沙县开慧纪念馆、湖南省图书馆编）。

在此，谨向关心和帮助本书编写工作的各位领导、专家学者，以及上述书目作者、编辑致以最诚挚的谢意！

图书在版编目（CIP）数据

毛岸英 / 军事科学院解放军党史军史研究中心编著
. --北京：学习出版社，2022.11（2024.10重印）
（中华先烈人物故事汇）
ISBN 978-7-5147-1189-9

Ⅰ.①毛…　Ⅱ.①军…　Ⅲ.①毛岸英（1922-1950）
－传记　Ⅳ.①K827=7

中国版本图书馆CIP数据核字（2022）第210256号

毛岸英
MAO ANYING

军事科学院解放军党史军史研究中心

责任编辑：徐　阳		封面绘画：刘书移	
技术编辑：胡　啸		内文插图：韩新维	
美术编辑：杨　洪			

出版发行：学习出版社
　　　　　北京市东城区崇外大街11号新成文化大厦B座11层
　　　　　（100062）
　　　　　010-66063020　010-66061634　010-66061646
网　　址：http://www.xuexiph.cn
经　　销：新华书店
印　　刷：河北鹏润印刷有限公司

开　　本：787毫米×1092毫米　1/32
印　　张：6.875
字　　数：97千字
版次印次：2022年11月第1版　2024年10月第2次印刷

书　　号：ISBN 978-7-5147-1189-9
定　　价：26.00元

如有印装错误请与本社联系调换，电话：010-66064915